NOS VEMOS HOY 2

Curso de español

A2

difusión

Cuaderno de ejercicios

MP3

NOS VEMOS HOY 2

Autoras
Celia Jaén Rodrigo, Eva Narvajas Colón, Pilar Pérez Cañizares, Bibiana Wiener

Coordinación editorial y redacción
Clara Serfaty

Diseño gráfico
Laurianne Lopez

Diseño de cubierta
Laurianne Lopez

Ilustración
Miguel Manich (studiomanich.com)

Maquetación
Aleix Tormo

Corrección
Pablo Sánchez

Nos vemos hoy está basado en el manual *Con gusto nuevo*.

ISBN: 978-84-18625-23-7

Reimpresión: junio 2024

Impreso en la UE

FSC www.fsc.org MIXTO Papel | Apoyando la silvicultura responsable FSC® C125125

Bienvenidos a NOS VEMOS HOY 2

NOS VEMOS HOY es un manual para descubrir el mundo de habla hispana y aprender a comunicarse en situaciones de la vida cotidiana. Al final de este nivel el / la estudiante habrá alcanzado el nivel A2 del Marco Común Europeo de Referencia para las Lenguas.

Para vivir una experiencia aún más interactiva, todos los recursos digitales de **NOS VEMOS HOY** se encuentran disponibles en:

Recursos para estudiantes y docentes
campus difusión

campus difusión

- ✓ Libro digital interactivo en dos formatos (flipbook y HTML)
- ✓ Audios y vídeos
- ✓ Transcripciones de los audios
- ✓ Textos mapeados
- ✓ Textos locutados
- ✓ Itinerarios digitales
- ✓ Itinerarios básicos
- ✓ Evaluaciones
- ✓ Exámenes autocorregibles por unidad
- ✓ Edición anotada para docentes
- ✓ Glosarios en inglés, francés y chino
- ✓ Soluciones

PÁG. 9

1 EL GUSTO DE APRENDER

Actividades
• 1-24

Mundo profesional
• Una entrevista y una oferta de trabajo

Pronunciar bien
• Las consonantes **b**, **v**, **d**

Autoevaluación

PÁG. 19

2 TE LO COMPRO

Actividades
• 1-23

Mundo profesional
• Una carta de reclamación

Pronunciar bien
• La entonación de las preguntas

Autoevaluación

PÁG. 29

3 ¡QUÉ DESCANSO!

Actividades
• 1-25

Mundo profesional
• Problemas y consejos en el trabajo

Pronunciar bien
• Pronunciación y ortografía

Autoevaluación

PÁG. 39

4 MIRADOR

Unidad de repaso

Actividades
• 1-4

PÁG. 41

5 ¿TE ACUERDAS?

Actividades
• 1-24

Mundo profesional
• Un currículum

Pronunciar bien
• La pronunciación de la **r** / **rr**

Autoevaluación

PÁG. 51

6 ¡QUÉ AMABLE!

Actividades
• 1-26

Mundo profesional
• Una invitación y consejos en el trabajo

Pronunciar bien
• La acentuación de los verbos

Autoevaluación

PÁG. 61

7 VAMOS AL PARQUE

Actividades
• 1-24

Mundo profesional
• Conversaciones formales e informales

Pronunciar bien
• La combinación de las palabras

Autoevaluación

PÁG. 71

8 MIRADOR

Unidad de repaso

Actividades
• 1-4

PÁG. 73

9 PROYECTOS CON FUTURO

Actividades
- 1-26

Mundo profesional
- Recursos Humanos y candidatos/as

Pronunciar bien
- Las pausas en las frases

Autoevaluación

PÁG. 83

10 LA TECNOLOGÍA Y YO

Actividades
- 1-26

Mundo profesional
- Normas y reglas de comunicación en internet

Pronunciar bien
- Los diptongos

Autoevaluación

PÁG. 93

11 ¡BUEN TRABAJO!

Actividades
- 1-26

Mundo profesional
- Ofertas de trabajo y cartas de solicitud

Pronunciar bien
- Algunas variedades del español

Autoevaluación

PÁG. 103

12 MIRADOR

Unidad de repaso

Actividades
- 1-11

Cada unidad del Cuaderno de ejercicios de NOS VEMOS HOY se estructura de la siguiente manera:

Una página de **portadilla** recuerda los objetivos de la unidad e incluye las primeras actividades.

Cada unidad contiene **ocho páginas de actividades** para consolidar **el vocabulario y la gramática** aprendidos en las unidades de la Edición para estudiantes.

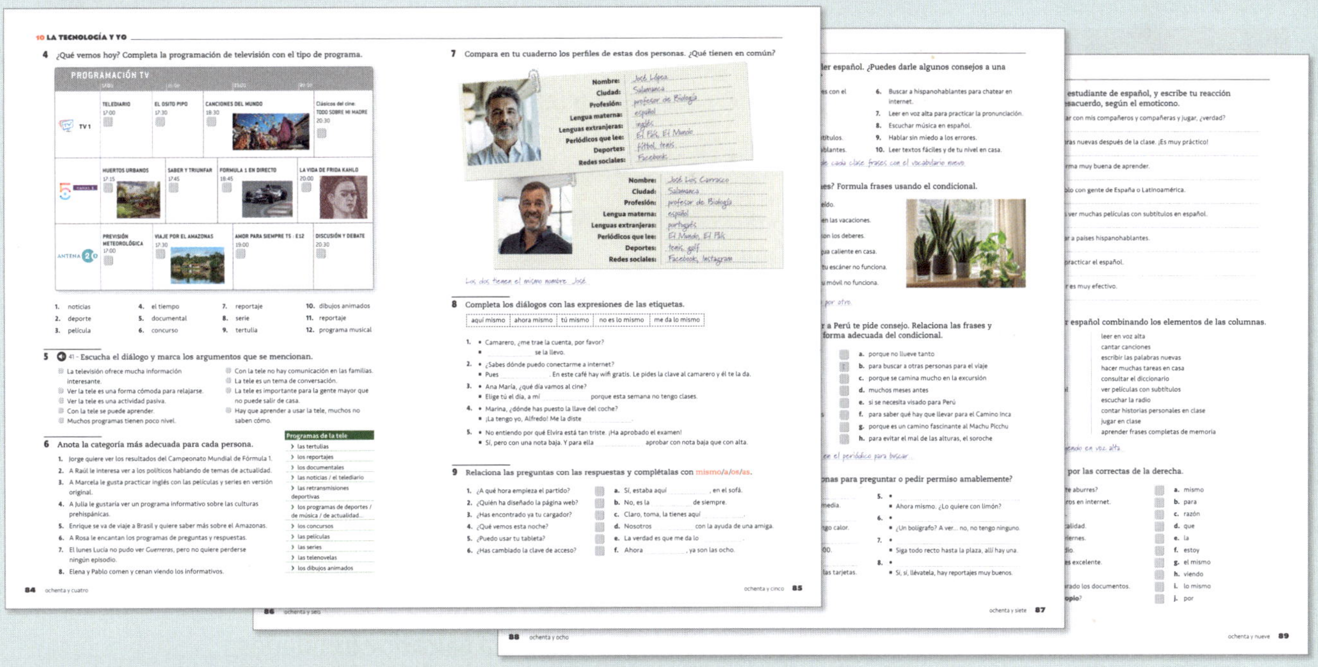

Las ayudas laterales **de gramática** y las **de léxico y comunicación** ofrecen a los/as estudiantes un cómodo apoyo lingüístico para desarrollar las actividades y las propuestas prácticas de manera eficaz.

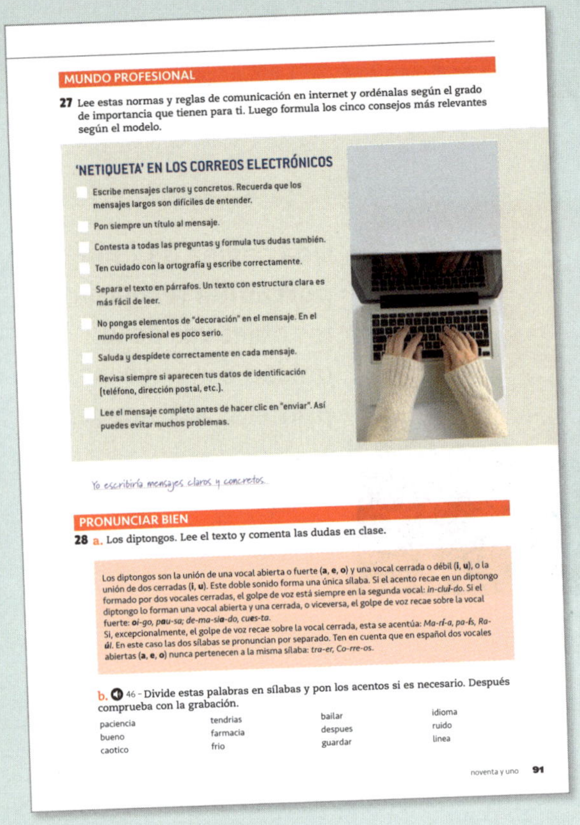
MUNDO PROFESIONAL

27 Lee estas normas y reglas de comunicación en internet y ordénalas según el grado de importancia que tienen para ti. Luego formula los cinco consejos más relevantes según el modelo.

'NETIQUETA' EN LOS CORREOS ELECTRÓNICOS

- Escribe mensajes claros y concretos. Recuerda que los mensajes largos son difíciles de entender.
- Pon siempre un título al mensaje.
- Contesta a todas las preguntas y formula tus dudas también.
- Ten cuidado con la ortografía y escribe correctamente.
- Separa el texto en párrafos. Un texto con estructura clara es más fácil de leer.
- No pongas elementos de "decoración" en el mensaje. En el mundo profesional es poco serio.
- Saluda y despídete correctamente en cada mensaje.
- Revisa siempre si aparecen tus datos de identificación (teléfono, dirección postal, etc.).
- Lee el mensaje completo antes de hacer clic en "enviar". Así puedes evitar muchos problemas.

Yo escribiría mensajes claros y concretos.

PRONUNCIAR BIEN

28 a. Los diptongos. Lee el texto y comenta las dudas en clase.

Los diptongos son la unión de una vocal abierta o fuerte (a, e, o) y una vocal cerrada o débil (i, u), o la unión de dos cerradas (i, u). Este doble sonido forma una única sílaba. Si el acento recae en un diptongo formado por dos vocales cerradas, el golpe de voz está siempre en la segunda vocal: in-cluí-do. Si el diptongo lo forman una vocal abierta y una cerrada, o viceversa, el golpe de voz recae sobre la vocal fuerte: oi-go, pau-sa; de-ma-sia-do, cues-ta.
Si, excepcionalmente, el golpe de voz recae sobre la vocal cerrada, esta se acentúa: Ma-rí-a, pa-ís, Ra-úl. En este caso las dos sílabas se pronuncian por separado. Ten en cuenta que en español dos vocales abiertas (a, e, o) nunca pertenecen a la misma sílaba: tra-er, Co-rre-os.

b. 46 - Divide estas palabras en sílabas y pon los acentos si es necesario. Después comprueba con la grabación.

paciencia	tendrias	bailar	idioma
bueno	farmacia	despues	ruido
caotico	frio	guardar	linea

noventa y uno 91

Se incluye asimismo una sección orientada al **español de los negocios** llamada **Mundo profesional**.

En la sección **Pronunciar bien**, dedicada a la fonética, se dan consejos relacionados con ciertas características de la pronunciación del español. El / La estudiante reflexiona y practica.

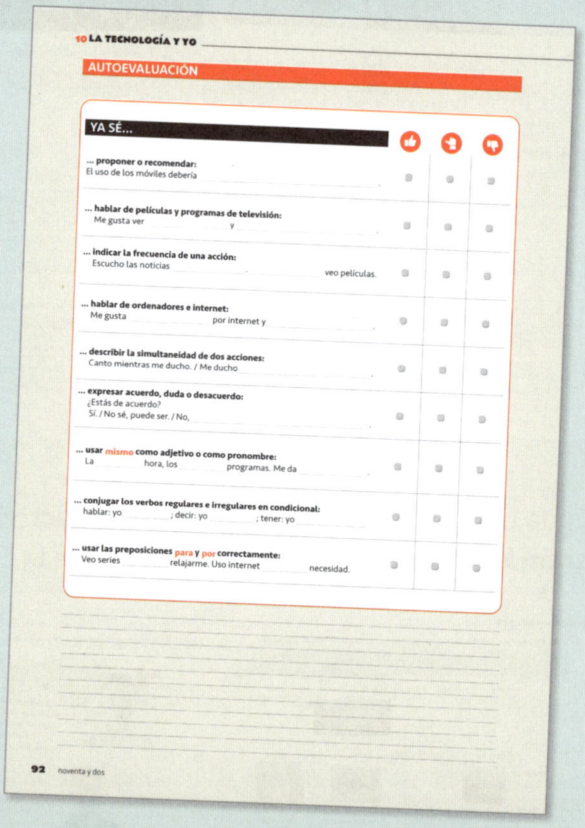
10 LA TECNOLOGÍA Y YO

AUTOEVALUACIÓN

YA SÉ...

- ... proponer o recomendar: El uso de los móviles debería
- ... hablar de películas y programas de televisión: Me gusta ver ... y
- ... indicar la frecuencia de una acción: Escucho las noticias ... veo películas.
- ... hablar de ordenadores e internet: Me gusta ... por internet y
- ... describir la simultaneidad de dos acciones: Canto mientras me ducho. / Me ducho
- ... expresar acuerdo, duda o desacuerdo: ¿Estás de acuerdo? Sí. / No sé, puede ser. / No,
- ... usar mismo como adjetivo o como pronombre: La ... hora, los ... programas. Me da
- ... conjugar los verbos regulares e irregulares en condicional: hablar: yo ...; decir: yo ...; tener: yo
- ... usar las preposiciones para y por correctamente: Veo series ... relajarme. Uso internet ... necesidad.

92 noventa y dos

Cada unidad se cierra con el apartado **Autoevaluación**, un espacio que invita a los/as estudiantes a reflexionar sobre su progreso.

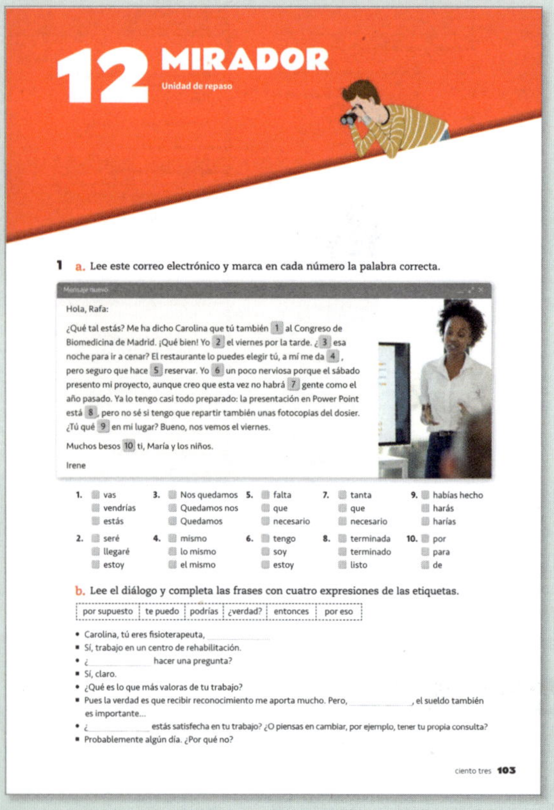
12 MIRADOR
Unidad de repaso

1 a. Lee este correo electrónico y marca en cada número la palabra correcta.

Mensaje nuevo

Hola, Rafa:

¿Qué tal estás? Me ha dicho Carolina que tú también 1 al Congreso de Biomedicina de Madrid. ¡Qué bien! Yo 2 el viernes por la tarde. ¿ 3 esa noche para ir a cenar? El restaurante lo puedes elegir tú, a mí me da 4 , pero seguro que hace 5 reservar. Yo 6 un poco nerviosa porque el sábado presento mi proyecto, aunque creo que esta vez no habrá 7 gente como el año pasado. Ya lo tengo casi todo preparado: la presentación en Power Point está 8 , pero no sé si tengo que repartir también unas fotocopias del dosier. ¿Tú qué 9 en mi lugar? Bueno, nos vemos el viernes.

Muchos besos 10 ti, María y los niños.

Irene

1. vas / vendrías / estás	3. Nos quedamos / Quedamos nos / Quedamos	5. falta / que / necesario	7. tanta / que / necesario	9. habías hecho / harás / harías
2. seré / llegaré / estoy	4. mismo / lo mismo / el mismo	6. tengo / soy / estoy	8. terminada / terminado / listo	10. por / para / de

b. Lee el diálogo y completa las frases con cuatro expresiones de las etiquetas.

por supuesto | te puedo | podrías | ¿verdad? | entonces | por eso

- Carolina, tú eres fisioterapeuta, ...
- Sí, trabajo en un centro de rehabilitación.
- ¿ ... hacer una pregunta?
- Sí, claro.
- ¿Qué es lo que más valoras de tu trabajo?
- Pues la verdad es que recibir reconocimiento me aporta mucho. Pero, ..., el sueldo también es importante...
- ¿ ... estás satisfecha en tu trabajo? ¿O piensas en cambiar, por ejemplo, tener tu propia consulta?
- Probablemente algún día. ¿Por qué no?

ciento tres 103

Al igual que en la **Edición para estudiantes**, cada **Mirador** (unidades 4, 8 y 12) sirve para hacer balance y **comprobar los conocimientos adquiridos mediante actividades de léxico y gramática**.

1 EL GUSTO DE APRENDER

Comunicación

- Expresar preferencia y facilidad / dificultad
- Hablar de las actividades en clase
- Indicar el grado
- Indicar la función y los materiales
- Hacer suposiciones
- Expresar deseos y sentimientos
- **MUNDO PROFESIONAL** Una entrevista y una oferta de trabajo

Léxico

- Los objetos del escritorio
- Adjetivos de carácter
- Los sentimientos

Gramática

- Adjetivos en **-or** / **-ora**
- **Lo (que)**
- Construcciones con infinitivo y con gerundio
- El uso de **hace**, **desde**, **desde hace**
- Formas irregulares del indefinido
- **PRONUNCIAR BIEN** Las consonantes **b**, **v**, **d**

Cultura

- El español en cifras
- **DE FIESTA** Las posadas y los Reyes Magos

1 Completa el texto sobre el español en el mundo con las siguientes palabras.

alumnos/as	chino	comunicación	hispanohablantes
lengua extranjera	mayor	patrimonio	

El español ocupa un lugar muy importante como idioma de ______________ internacional: es la segunda lengua materna después del ______________ mandarín. El país con el mayor número de ______________ es México, con unos 120 millones. ¿Y el segundo? Colombia, con unos 48 millones de hispanohablantes. Sigue España con más de 47 millones. Estados Unidos es el país con más hispanohablantes del mundo donde el español no es la lengua oficial. En la actualidad, unos 22 millones de ______________ estudian español como ______________. El mayor número está en Estados Unidos. En el resto del mundo el número de estudiantes es cada día ______________. Es fácil de entender si pensamos que el español es el medio para llegar al rico ______________ cultural de España y Latinoamérica.

2 Resume estas frases en tu cuaderno usando las perífrasis verbales del cuadro lateral.

1. Siempre nos ha gustado mucho ir al cine. Ahora tenemos Netflix y vemos las películas en casa.
   Hemos dejado de ir al cine.
2. Yo canto en un coro. Ahora tengo que viajar mucho por el trabajo. Sin embargo, voy a todos los ensayos.
3. Luis toca la guitarra todos los días, pero ahora tiene invitados en casa. El lunes se van y él puede tocar otra vez.
4. Me encanta leer y tengo la casa llena de libros. Ahora ya no compro libros, voy a la biblioteca.
5. Mi madre ya no estudia francés. Dice que le aburre y que quiere buscarse otras actividades.
6. Mi padre no hace deporte. El médico le ha dicho que tiene que hacer algo. Ayer se inscribió en un gimnasio.

Perífrasis verbales

empezar a + infinitivo
dejar de + infinitivo
volver a + infinitivo
acabar de + infinitivo
seguir + gerundio

3 Estas son las notas de un detective que está observando a una persona, María Vera. Escribe qué hace utilizando las expresiones de la actividad anterior.

A las ocho, María Vera empieza a desayunar en el bar Lola.

8.00 desayuna en el bar Lola
8.30 desayuna todavía
9.00 ya no desayuna y llama por teléfono
9.15 llama otra vez por teléfono
9.30 pide una botella de agua
9.40 escribe en el ordenador
9.50 entra una mujer y toman un café juntas

4 **a.** En una escuela de lenguas en Zaragoza hoy empieza el curso y cada estudiante ha marcado en este cuestionario sus preferencias. Lee las respuestas de Peter y después marca según tus propios gustos.

VALORA LAS SIGUIENTES ACTIVIDADES SEGÚN TUS PREFERENCIAS

	Me encanta	Me gusta bastante	No me gusta mucho	No me gusta nada
Escuchar los audios			X	
Escribir textos	X			
Hacer ejercicios de gramática			X	
Jugar	X			
Leer textos		X		
Aprender vocabulario				X
Ver vídeos		X		
Hablar con mi compañero/a	X			
Trabajar en grupos			X	

Lo que más me cuesta es la pronunciación.
Lo más fácil para mí es recordar las palabras.

Me encanta
Me gusta bastante
No me gusta mucho
No me gusta nada

b. Compara tus respuestas con las de Peter y escribe frases.

A Peter no le gusta mucho escuchar los audios y a mí tampoco, me parece difícil.

....

....

....

....

5 **a.** Completa el crucigrama para encontrar el lugar donde normalmente están todos estos objetos.

1. Son de metal y sirven para cortar, por ejemplo, papel.
2. Es de metal y sirve para poner juntas algunas hojas de papel.
3. Objeto que sirve para guardar las llaves.
4. Es de madera y sirve para escribir. En clase siempre necesitas uno.
5. Es de cartón o de plástico y sirve para guardar papeles.
6. Si has escrito algo mal con lápiz, puedes corregirlo fácilmente con ella.
7. Ordenador pequeño que se puede transportar fácilmente.
8. Puede ser de metal o de plástico y sirve para escribir.

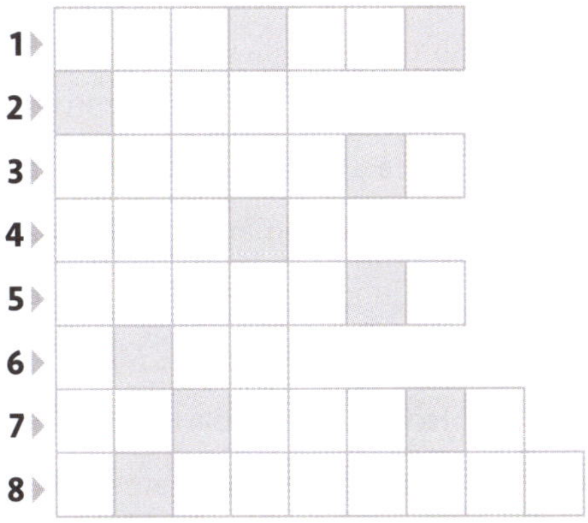

Solución: ....

b. Ahora, escribe la definición de la solución.

6 Completa con los sustantivos y adjetivos correspondientes.

ADJETIVO	SUSTANTIVO	SUSTANTIVO	ADJETIVO
organizado/a	la organización	el orden	ordenado/a
trabajador/a	....	la paciencia	....
tradicional	....	el sistema	....
comunicativo/a	....	la perfección	....
tranquilo/a	....	la creatividad	....

7 Relaciona la descripción del carácter de cada persona con el adjetivo correspondiente. Después, escribe una definición de los adjetivos que sobran.

1. Pierde fácilmente la paciencia; lo que menos le gusta es esperar. ☐
2. Tiene mucha fantasía. Le encanta pintar y escribir. ☐
3. Le gusta estar ocupado/a. Se aburre cuando no tiene nada que hacer. ☐
4. Le cuesta mucho mantener el orden. ☐
5. Está de buen humor, no le cuesta sonreír. ☐
6. Le encanta hablar con la gente e intercambiar opiniones. ☐
7. No quiere cometer errores y siempre piensa que las cosas pueden hacerse mejor. ☐

a. desordenado/a
b. creativo/a
c. comunicativo/a
d. alegre
e. trabajador/a
f. perfeccionista
g. impaciente
h. tranquilo/a
i. sistemático/a

8 El restaurante de Rafa y Carmen. Completa las frases con hace, desde o desde hace.

1. Rafa es camarero en Sevilla y .... muchos años quiere abrir su propio restaurante.
2. .... un año conoció a Carmen, una excelente cocinera de Granada.
3. Rafa le habló del proyecto y .... ese momento decidieron trabajar juntos.
4. .... seis meses encontraron un local bonito en Sevilla y el banco les dio un crédito.
5. Carmen dejó su trabajo en Granada y vive en Sevilla .... cuatro semanas.
6. .... una semana abrieron su restaurante, Casa Carmen.

9 Lee estas frases y marca si Mica y Leandro están ahora en Buenos Aires o no.

	SÍ	NO
a. Mica y Leandro estuvieron en Buenos Aires hace dos semanas.	☐	☐
b. Mica y Leandro estuvieron dos semanas en Buenos Aires.	☐	☐
c. Desde la semana pasada están en Buenos Aires.	☐	☐
d. De junio a septiembre estuvieron en Buenos Aires.	☐	☐
e. Desde hace tres días Mica y Leandro están en Buenos Aires.	☐	☐
f. Hoy han llegado a Buenos Aires.	☐	☐
g. Mica y Leandro llegaron a Buenos Aires hace un mes.	☐	☐

10 Completa la tabla con la conjugación de estos verbos en pretérito indefinido.

				VERBOS IRREGULARES	
	PASAR (-AR)	**COMER (-ER)**	**VIVIR (-IR)**	**PEDIR (E → I)**	**DORMIR (O → UE)**
yo	pas**é**	....	viv**í**	pedí	dormí
tú	....	com**iste**	....	pediste	dormiste
él, ella, usted	pas**ó**	....	viv**ió**	p**i**dió	....
nosotros/as	....	com**imos**	....	pedimos	dormimos
vosotros/as	....	com**isteis**	....	pedisteis	dormisteis
ellos, ellas, ustedes	pas**aron**	....	viv**ieron**	....	d**u**rmieron

11 a. Completa la tabla de los verbos con raíz irregular.

VERBOS CON RAÍZ IRREGULAR		
INFINITIVO	**RAÍZ**	**TERMINACIÓN**
CONDUCIR	**conduj**	
DECIR	....	
ESTAR	**estuv**	-e
HACER	....	-iste
PODER	**pud**	-o
PONER	....	-imos
QUERER	**quis**	-isteis
TENER	....	-ieron
TRAER	**traj**	
VENIR	....	

Haber

El indefinido de **hay** es **hubo**.

Recuerda

El indefinido se usa para eventos dentro de un período del pasado que el hablante considera cerrado.
- Aprendí a nadar a los 30 años.

En los verbos con raíz irregular terminada en **-j**, como **conducir**, desaparece la **i** en la 3.ª persona del plural.
- conduj~~i~~eron

b. Completa la tabla de los verbos irregulares.

VERBOS IRREGULARES			
	SER / IR	DAR	VER
yo	fui	di	vi
tú	fuiste	diste	....
él, ella, usted	fue	....	vio
nosotros/as	....	dimos	vimos
vosotros/as	....	disteis	visteis
ellos, ellas, ustedes	....	dieron	vieron

12 ¿Qué aprendieron estas personas? Lee y completa con las formas del indefinido.

1. En 2015 .... (ESTAR) por primera vez en Italia y después .... (DECIDIR) aprender el idioma. .... (ENCONTRAR) una escuela de idiomas en mi barrio y .... (IR) enseguida para informarme. .... (INSCRIBIRSE) en un curso básico y después .... (HACER) otros dos cursos. Ahora tengo un profesor privado porque me interesa mucho practicar la conversación.

2. Mi amigo Fernando .... (ABRIR) una escuela de baile muy cerca de mi casa y me .... (INVITAR) a una clase de chachachá. .... (IR) a probar y .... (SER) un desastre: no .... (PODER) aprenderme los pasos. Pero, poco a poco, mis pies .... (EMPEZAR) a seguir el ritmo de la música y este año voy a participar en un campeonato.

13 ¿Cuándo fue la última vez que hiciste estas cosas? ¿Dónde y con quién? Escríbelo.

la semana pasada	a los... años	hace un año	el verano pasado

ayer	en 2010	en junio	el domingo

1. Hacer una excursión.
2. Dormir en un cámping.
3. Dar un paseo por la playa.
4. Viajar en avión.
5. Cenar en un restaurante español o mexicano.
6. Estar en el extranjero.
7. Ver a mis abuelos.
8. Tener un virus en el ordenador.

14 ¿Perfecto o indefinido? Lee este texto y tacha la forma incorrecta de los verbos.

1.
¿Sabes con quién **me he encontrado / me encontré** esta mañana? Con Pepa, mi amiga del instituto. En febrero **ha cambiado / cambió** de trabajo y hace dos semanas **se ha mudado / se mudó** de piso. Ahora vive en el centro, muy cerca de su trabajo. El mes pasado **ha puesto / puso** un anuncio en el periódico y dos días después la **han llamado / llamaron** de una agencia y le **han ofrecido / ofrecieron** un piso precioso. ¡Ha tenido mucha suerte! Quiere celebrarlo y **ha organizado / organizó** una fiesta para el próximo sábado.

2.
Ya sabes que el verano pasado **he conocido / conocí** a dos chicas andaluzas en un hotel en Menorca, ¿verdad? Pues hoy las **he visto / vi** en el centro comercial La Vaguada. ¡Qué sorpresa! Dicen que hace dos meses **se han mudado / se mudaron** a Madrid. La primera semana **se han quedado / se quedaron** en una pensión, pero después **han encontrado / encontraron** un piso muy bonito en el barrio de Lavapiés. ¡Vaya suerte!

Recuerda

El perfecto se usa para hablar de acciones terminadas en el pasado en relación con el presente (**hoy**, **este año**...).

El indefinido se usa para hablar de acciones terminadas en el pasado sin relación con el presente (**ayer**, **el mes pasado**...).

15 ¿Qué palabra o expresión no forma parte del grupo? Táchala.

1.	lápiz	bolígrafo	marcador	teléfono
2.	llavero	papel	metal	plástico
3.	ratón	silla	portátil	llave USB
4.	libro	cuaderno	diccionario	goma de borrar
5.	me gusta	me parece	me interesa	me encanta
6.	escuchar	apuntar	escribir	tomar notas

16 Relaciona las definiciones con las imágenes correspondientes.

1. Sirven para escuchar música sin molestar.
2. Es un objeto de metal. Sirve para cortar.
3. Es un instrumento que va conectado con el ordenador y que sirve para moverse por la pantalla.
4. Con él tomamos notas en el libro y hacemos las actividades de clase.
5. Las utilizamos para abrir y cerrar la casa.
6. Es un pequeño objeto que sirve para guardar datos.

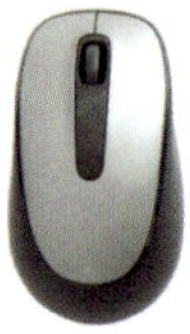

17 Relaciona las preguntas con las respuestas.

1. ¿Cuándo empezaste a estudiar español?
2. ¿Por qué aprendes español?
3. ¿Hablas español fuera de clase?
4. ¿Qué otros idiomas hablas?
5. ¿Vuelves a inscribirte en el próximo curso?
6. ¿Sigues teniendo la misma profesora en el próximo curso?

a. Porque mi pareja es de Colombia.
b. Sí, con la familia de mi novio.
c. Claro que sí. Me gusta mucho el idioma.
d. No, ella deja de dar clase el año que viene.
e. Hace un año.
f. Hablo también inglés y un poco de francés.

18 1 - Lee estas respuestas. Después escucha las preguntas y relaciona.

- Sí, con los tiempos del pasado. Es lo que más me cuesta.
- Trabajar en parejas es lo que más me gusta. Así hablo más.
- Yo, los ejercicios, así puedo controlar si lo he hecho bien.
- Bueno, la erre y la jota me cuestan todavía.
- Sí, pero es un desorden con sistema.
- Me encanta el piano. Me gustaría aprender a tocarlo.
- No, estoy bastante tranquila, es que me he preparado bien.
- Comparo mis frases con las reglas, eso me ayuda mucho.

19 En cada frase hay un error. Cambia las palabras en negrita por las correctas de la derecha.

1. Empecé **de** estudiar español en 2016.
2. Lo que me gusta es ver **al** vídeo.
3. **Desde hace** un año conocí a mi novia.
4. No entiendo **que** dices.
5. Lo que más nos gusta es trabajar **a** parejas.
6. El lápiz es una cosa que sirve **a** escribir.
7. Leer textos es **mucho** difícil.
8. Ana y Juan bailan salsa **hace** un año.

a. lo que
b. para
c. muy
d. hace
e. desde hace
f. en
g. el
h. a

20 Lee el correo que escribe Andreas a su profesora de español. Luego, marca si las frases son verdaderas (V) o falsas (F).

Mensaje nuevo

Hola, Claudia:

Estoy en La Habana desde hace cuatro semanas. ¡Es una ciudad fascinante! Estoy haciendo un curso de español de nivel A2 y aprendo mucho. No he dejado de hablar español ni un solo día. Pero lo que más me gusta es pasar las tardes con mis compañeros. Vamos a nadar o a visitar exposiciones de arte y de noche salimos a bailar. Los profesores también son muy simpáticos. Espero volver a verlos el próximo año. Hoy es el último día y vamos a tomar un mojito en El Floridita. El domingo vuelvo a Alemania y sigo contándote de mi viaje.

Un saludo y hasta pronto,
Andreas

1. Andreas llegó a La Habana hace un mes.
2. Está allí para seguir aprendiendo español.
3. Andreas no habla español todos los días.
4. Le encanta pasar el tiempo libre con sus compañeros.
5. Andreas solo va a clase de español y a la playa.
6. Andreas no quiere perder el contacto con sus compañeros y profesores.

21 Lee estas opiniones y elige la opción correcta.

1. • ... interesante es ver vídeos en clase.
   - A mí
   - Lo más
   - Que más
2. • ... me gusta es trabajar en grupo.
   - Lo más
   - --
   - Lo que más
3. • ... divertido hablar con un/a compañero/a.
   - También es mucho
   - También es muy
   - Tampoco es mucho
4. • ... difícil entender las pistas de audio.
   - Es muy
   - Lo
   - Lo que
5. • ... me encanta es leer textos.
   - A mí no
   - Que
   - Lo que
6. • ... aburrido practicar la pronunciación.
   - Me parece
   - Me cuesta
   - No me gusta
7. • ... me gusta es el trabajo individual.
   - Que a mí
   - Lo
   - Lo que
8. • Lo que más... es la gramática.
   - difícil
   - me cuesta
   - importante

22 Luis es un mal estudiante. Relaciona las frases que tienen el mismo significado.

1. En los últimos meses Luis ha dejado de hacer los deberes.
2. Luis ha vuelto a tener muy malas notas en los exámenes.
3. Luis siempre empieza a estudiar la noche antes del examen.
4. El profesor de Luis acaba de hablar con sus padres.
5. Luis sigue pensando que lo más importante es hacer lo que le gusta y ser feliz.

- ☐ **a.** Hace unos días el profesor de Luis se reunió con sus padres.
- ☐ **b.** Los resultados de sus exámenes han sido otra vez muy malos.
- ☐ **c.** Luis no cambia de opinión y disfruta de la vida.
- ☐ **d.** Él ahora nunca hace los deberes, pasa más tiempo con sus amigos.
- ☐ **e.** Luis se prepara muy poco para los exámenes.

23 A partir de estos adjetivos, forma parejas de contrarios.

alegre | alto | antiguo | bajo | barato | bonito | bueno | caliente | caro | claro

comunicativo | desordenado | difícil | fácil | feo | frío | impaciente | joven | malo

mayor | moderno | ordenado | oscuro | paciente | reservado | ruidoso | tranquilo | triste

....	≠	....	....	≠	....
....	≠	....	....	≠	....
....	≠	....	....	≠	....
....	≠	....	....	≠	....
....	≠	....	....	≠	....
....	≠	....	....	≠	....
....	≠	....	....	≠	....

24 Lee otra vez el texto de las páginas 22 y 23 de la Edición para estudiantes. ¿Cuáles de estas frases se refieren a las Posadas (P) y cuáles a los Reyes Magos (R)?

1. ☐ Es una mezcla de tradición cristiana y prehispánica.
2. ☐ Los camellos vuelven a la ciudad.
3. ☐ Los niños escriben cartas para pedir regalos.
4. ☐ Invitar a comer a amigos o vecinos es una expresión de la hospitalidad.
5. ☐ Se celebran del 16 al 24 de diciembre con cantos y deliciosas comidas.
6. ☐ La noche del 5 al 6 de enero es la gran ilusión de los niños.

MUNDO PROFESIONAL

25 **a.** 2 - Escucha este fragmento de una entrevista de trabajo y completa.

EUROPASS
Pasaporte de Lenguas

Nombre(s) y apellido(s): ....
Fecha de nacimiento: ....

IDIOMAS:
inglés / ....

Escuchar	Leer	Hablar	Escribir
C1 /	/	/	/

b. Prepara ahora tu propio pasaporte de lenguas. Luego, compártelo en clase.

26 **a.** Lee el anuncio de una escuela de idiomas malagueña y decide si las frases son verdaderas (V) o falsas (F).

1. ☐ El / La profesor/a de alemán tiene que saber español.
2. ☐ Piden cinco años de experiencia.
3. ☐ La escuela paga poco, pero tiene buen ambiente de trabajo.
4. ☐ El / La profesor/a va a trabajar en Málaga.

Se necesita PROFESOR/A DE ALEMÁN

Requisitos:
- Formación universitaria
- Experiencia mínima de un año como profesor/a de alemán
- Buenos conocimientos de español
- Residencia habitual en Málaga

Ofrecemos:
- Contrato de cinco años
- Buen clima de trabajo
- Buen sueldo

Pueden enviar su currículum a: Escuela Internacional de Idiomas El sol, C/ Reina Victoria, 50, E-28003 Madrid

b. Escribe la respuesta de una persona interesada en el puesto.

PRONUNCIAR BIEN

27 **a.** Las consonantes b, v, d. Lee el texto y comenta las dudas en clase.

La **b** y la **v** se pronuncian igual en español. Su pronunciación se suaviza entre vocales: *a**b**ajo*, *mó**v**il*.
La **d** también se pronuncia de una manera más suave entre vocales: *na**d**a*.
Cuando aparece a final de palabra, puede pronunciarse suave o incluso desaparecer: *verda(**d**)*, en algunas regiones suena como **th** en "thing": *Madri**d***.

b. 3 - Lee estas palabras y después escucha para comprobar.

bueno – a**b**urrir
bolígrafo – a**b**uelo

valor – mara**v**illoso
vecino – mo**v**imiento

difícil – ma**d**era – ciu**d**a**d**

AUTOEVALUACIÓN

YA SÉ...

... indicar comienzo, desarrollo y final de una acción:

He empezado a …………………………………… .

Sigo …………………………………… .

He dejado de …………………………………… .

... expresar preferencias y dificultades:

Me parece fácil …………………………………… .

Me cuesta …………………………………… .

... resaltar algo:

Lo que ………………… es leer textos.

………… más interesante es ………………… .

... indicar el material y la función de una cosa:

Un cuchillo es una cosa de ………… que ………… para cortar comida.

... describir el carácter de las personas:

Nuestra profesora es …………………………………… .

... indicar el grado:

Mi compañero es ………… paciente. Mi hermana es ………… .

... usar construcciones con infinitivo y gerundio:

Quiero dejar de ………………… y empezar a ………………… .

Sigo ………………… .

... formar el femenino de los adjetivos en -or:

un chico trabajador – una chica ……………………

... usar hace, desde, desde hace correctamente:

Estudio español desde hace …………………………………… .

Visité Cuba hace …………………………………… .

... conjugar los verbos irregulares en indefinido:

yo hice, tú …………………………………… ;

yo estuve, tú ……………………………………

2 TE LO COMPRO

Comunicación
- Tipos de tiendas (pros y contras)
- Describir la ropa
- Preguntas y expresiones en una tienda
- Hábitos de compra
- Expresar la opinión
- **MUNDO PROFESIONAL** Una carta de reclamación

Léxico
- Materiales
- Objetos cotidianos
- Regalos

Gramática
- El uso de **qué**, **cuál** / **cuáles**
- Los indefinidos variables e invariables
- Los pronombres de objeto directo e indirecto y su combinación
- **PRONUNCIAR BIEN** La entonación de las preguntas

Cultura
- El Rastro de Madrid
- **DE FIESTA** El carnaval

1 Busca 9 palabras que se refieren a establecimientos y servicios relacionados con la compra. Las letras que sobran forman una expresión. Anótala.

mercadillomgrandesalmacenesezapateríalcentrocomercialotiendadesegundamanoloutletl
servicioadomicilioeventaenlíneaavtiendaderopao

2 ¿Qué o cuál/es? Estas personas buscan regalos para la familia. Completa los diálogos.

1. • Bueno, ¿de .... color prefieres el jersey? El rojo es bonito, pero el negro también.
   ▪ Es que me gustan los dos. A ti, ¿ .... te gusta más?
   • El negro es más elegante.
2. • Oye, y para papá, ¿qué tal un reloj?
   ▪ No sé... A ver, ¿ .... modelos tienen?
   • Estos tres. ¿ .... te gusta más?
   ▪ Pues... no sé, pero esas chaquetas son preciosas. ¿ .... talla tiene papá?
3. • ¿ .... le vas a comprar a Marta?
   ▪ Uf. No sé. Es difícil comprar regalos. Mira, una perfumería... ¿Entramos?
   • ¿Pero sabes .... perfume usa?
   ▪ Sí, suele llevar siempre el mismo.
4. • A mis nietas les quiero regalar unos juegos para el ordenador.
   ▪ Sí, pero ¿ .... ?
   • Pues no sé... ¿ .... tipo de juegos les gustan a los adolescentes de catorce años?
   ▪ Ni idea.

3 Algunas de estas frases son incorrectas. Tacha las palabras que no son necesarias.

1. Nadie ~~no~~ se va del Rastro con las manos vacías.
2. ¿No has comprado nada para Marisa?
3. De esta tienda no me gusta ningún mueble.
4. Van a cerrar la tienda porque nadie no compra ahí.
5. ¿Sabes? Patricia nunca no ha estado en el Rastro.
6. ¿Chaquetas de cuero? Lo siento, no me queda ninguna.
7. No quiero comprar nada aquí.
8. Ningún vendedor de antigüedades no abre los domingos.

4 Completa los diálogos con la forma adecuada de estos pronombres indefinidos.

alguien	nadie	algo	nada	alguno/a	ninguno/a

1. • Hola, ¿tiene _____ novela de García Márquez?
   ▪ No, lo siento. No tengo _____.
2. • Oiga, estoy buscando un reloj antiguo. ¿Tiene _____?
   ▪ No, yo no tengo _____, pero en la tienda de la esquina tienen _____ muy bonitos.
3. • Tengo que comprar _____ para el cumpleaños de mamá.
   ▪ ¿Todavía no le has comprado _____? Oye, ¿y si le compras _____ planta?
   • Buena idea, creo que no tiene _____.
4. • ¿Has encontrado el libro de cocina que quieres regalar a tu hermano?
   ▪ No, _____ lo tiene. He mirado en todas las librerías.
5. • Bueno, hoy me voy a ir con las manos vacías. Todavía no he comprado _____.
   ▪ Entonces podemos ir a tomar unas tapas. ¿O quieres buscar _____ más?
   • Sí, sí, espera... Quizás _____ tiene libros de ciencia ficción.

5 Lee la noticia y completa las frases de abajo con los pronombres indefinidos adecuados.

Toledo // 15 – 18 de mayo

Feria de jóvenes diseñadores

MODA JOVEN Del 15 al 18 de mayo se celebra en Toledo la Segunda Feria de Jóvenes Diseñadores y Diseñadoras. Participan 65 estudiantes de la Escuela de Moda de Cataluña, 12 de la Comunidad de Madrid; el resto proceden de escuelas de otras comunidades. Esta vez no participan estudiantes de la escuela sevillana, que el año pasado mostraron modelos muy originales. En la feria se presentan las tendencias para el próximo verano. Los/as visitantes pueden probarse los modelos, pero no comprarlos.

algunos	ningún	nadie (2x)	todos (2x)

1. _____ los diseñadores son españoles.
2. La mayoría es de Cataluña, _____ son de la Comunidad de Madrid.
3. No hay _____ de la escuela sevillana.
4. _____ los modelos son para el próximo verano.
5. No hay _____ modelo de invierno.
6. _____ puede comprar los modelos, solo ver y probar.

6 En una tienda de ropa. Relaciona.

1. ¿Me puedo probar esta falda? ☐
2. La chaqueta me gusta, pero este color no. ☐
3. Me queda un poco estrecha. ☐
4. Estoy buscando unas zapatillas deportivas. ☐
5. ¿Puedo cambiar la camiseta? ☐
6. ¿Paga con tarjeta? ☐

a. No, en efectivo.
b. Durante dos semanas y con el ticket de compra.
c. Por supuesto. Los probadores están allí.
d. ¿Quiere probarse una talla más?
e. La tenemos también en negro.
f. ¿Qué número calza?

7 a. En una tienda de moda. Formula una posible pregunta para cada respuesta.

1. • ¿ .... ?
   ▪ Claro. Allí están los probadores.
2. • ¿ .... ?
   ▪ Calzo el 37.
3. • ¿ .... ?
   ▪ No, le queda perfecto, la verdad.
4. • ¿ .... ?
   ▪ No, no, en efectivo.
5. • ¿ .... ?
   ▪ Me parece que me queda un poco largo.
6. • ¿ .... ?
   ▪ El azul, sí. El azul es mi color favorito.
7. • ¿ .... ?
   ▪ No, gracias, solo quería mirar.
8. • ¿ .... ?
   ▪ Sí, claro. ¿Tiene el ticket de compra?
9. • ¿ .... ?
   ▪ Están rebajados. Ahora cuestan 75 €.
10. • ¿ .... ?
   ▪ Lo siento, esta es la talla más pequeña.

b. ¿Cuáles de las preguntas las hace el/la vendedor/a (V) y cuáles el/la cliente/a (C)?

1. ☐ 2. ☐ 3. ☐ 4. ☐ 5. ☐ 6. ☐ 7. ☐ 8. ☐ 9. ☐ 10. ☐

8 a. Lee esta publicidad de un centro comercial y reescribe las frases sustituyendo los objetos indirectos (clientes) por un pronombre.

NUESTRO SERVICIO ESPECIAL PARA CLIENTES

1. Reservamos a los clientes las mejores ofertas especiales.
2. Ofrecemos a nuestros clientes los productos de la mejor calidad.
3. Si no están contentos, devolvemos el dinero a los clientes.
4. Enviamos a nuestros clientes todas las compras gratis.
5. Si lo desean, guardamos a los clientes los regalos de Navidad hasta el día antes.
6. Ofrecemos a todos nuestros clientes el servicio de compra por internet.

1. Les reservamos las mejores ofertas especiales.

b. Ahora sustituye también los objetos directos y reescribe de nuevo las frases.

1. Se las reservamos.
2. ....
3. ....
4. ....
5. ....
6. ....

9 Malena ha decidido regalar a diferentes personas muchas cosas que tiene en el trastero. Escribe las reacciones usando los pronombres.

1. • Este libro es para ti.
   ▪ ¿Me lo regalas?
2. • La lámpara es para Marisa.
   ▪ ¿Se la regalas?
3. • Los cómics son para mis sobrinos.
   ▪ ....
4. • Las copas de cristal son para vosotras.
   ▪ ....
5. • El reloj de pared es para Marcos.
   ▪ ....
6. • El espejo es para mi madre.
   ▪ ....

10 **a.** Diferentes maneras de expresar la idea de dar. Relaciona y, luego, traduce las frases a tu lengua.

regalar	☐	No dar algo personalmente, sino por correo o correo electrónico.
prestar	☐	Dar algo en una ocasión especial, por ejemplo, en un cumpleaños.
devolver	☐	Dar algo por un tiempo determinado y esperar recibirlo otra vez.
enviar	☐	Darle a su propietario/a un objeto que tú tenías por un tiempo.

b. 4-9 - Escucha los diálogos y escribe el objeto del que hablan en cada caso. Después, escucha otra vez y marca la opción correcta.

1. ....
   - ☐ Se lo presta.
   - ☐ Se lo regala.
2. ....
   - ☐ Se los presta.
   - ☐ No se los presta.
3. ....
   - ☐ Se la devuelve.
   - ☐ No se la devuelve.
4. ....
   - ☐ Se los da.
   - ☐ No se los da.
5. ....
   - ☐ Se lo envía.
   - ☐ Se lo presta.
6. ....
   - ☐ Se la compra.
   - ☐ No se la compra.

11 Corrige las palabras en negrita sustituyéndolas por las correctas de la derecha.

1. ¿**Qué** es tu tienda favorita?	☐	**a.**	número
2. **Ninguno** cliente ha venido hoy a la tienda de antigüedades.	☐	**b.**	de
3. No sé qué **los** puedo regalar a mis sobrinas.	☐	**c.**	toda la
4. No tengo el altavoz aquí, **le** lo he prestado a Pedro.	☐	**d.**	qué
5. Los pantalones te **son** un poco cortos, ¿no?	☐	**e.**	cuál
6. ¿Qué **talla** calza?	☐	**f.**	nada
7. ¿De **cuál** color prefieres el jersey?	☐	**g.**	ningún
8. Me encanta ir **a** compras.	☐	**h.**	les
9. **Toda** ciudad va al Rastro.	☐	**i.**	se
10. ¡Qué pena! Ya no queda **algo** del pastel que me gusta.	☐	**j.**	quedan

12 **Todos le piden algo a este recepcionista. ¿Cómo reacciona? Escribe lo que dice utilizando los pronombres adecuados.**

1. • Manuel, ¿puedes enviar estos documentos a la directora del Hotel Alfa?
   ▪ Enseguida se los envío.
2. • ¿Puede prepararme la cuenta de la habitación 38, por favor?
   ▪ ……
3. • Perdone, ¿puede dar esta carta a la señora Gutiérrez?
   ▪ ……
4. • ¿Nos puede pedir un taxi, por favor?
   ▪ ……
5. • ¿Puede mostrarme cómo funciona el aire acondicionado?
   ▪ ……
6. • Manuel, ¿me puedes dar la llave del garaje?
   ▪ ……
7. • ¿Puedes llevarle este paquete al cliente de la habitación 23?
   ▪ ……
8. • Manuel, tienes que reservar una mesa al señor Cuesta en Casa Lucio.
   ▪ ……

13 **Completa el correo de respuesta de Jaime con los pronombres adecuados.**

Hola, Malena:
¡Qué ordenada eres! ;-) Ahora el trastero va a estar perfecto. El ordenador viejo no …… …… tienes que devolver. Es demasiado antiguo y ya no sirve para nada. …… puedes tirar. Oye, y los libros... si al final Pablo no …… quiere, ¿…… …… puedes dar a mí? Bueno, a mí no …… gustan los de ciencia ficción, ya …… sabes, pero …… …… puedo dar a María, para la biblioteca de la escuela. Necesita libros y dice que …… interesan todos. Voy a ir a casa luego con Marisa y Fran para ayudar …… con las sillas. Si todavía quedan cosas en el sótano, ¿por qué no …… vendemos en el Rastro? …… vemos esta tarde.
Un besito, Jaime

14 **Relaciona los productos con la tienda donde normalmente se venden. ¿Puedes añadir un producto más en cada tienda?**

lechuga | chuleta | bolígrafo | perfume | pan | naranjas | guía turística | sandalias | dulces
crema solar | agenda | champú | espárragos | manzanas | pollo | patatas | limones | filete

TIENDAS	PRODUCTOS
una zapatería	
una perfumería	
una panadería	
una frutería	
una carnicería	
una verdulería	
una librería	
una papelería	

15 Haz el crucigrama. Luego, completa la solución con las letras de las casillas resaltadas.

1. Aquí se venden tomates, espárragos, lechuga...
2. El periódico lo compro aquí.
3. Tienda de ropa exclusiva.
4. Aquí se compran manzanas, naranjas, plátanos...
5. Lugar donde se compra la carne.
6. Aquí se compran cuadernos, bolígrafos, lápices...
7. Los medicamentos se compran aquí.
8. El mercadillo más típico de Madrid.
9. Aquí podemos comprar sandalias.
10. Desde aquí podemos enviar paquetes y cartas.
11. El pan lo compramos aquí.
12. Tienda pequeña que vende sellos, postales, tabaco...

Solución: ☐☐ ☐☐☐☐☐☐ ☐☐☐☐

16 Clasifica las siguientes palabras. Luego, añade una palabra más a cada grupo.

verde | seda | ancho | camiseta | amarillo | cuero | estrecho | azul
corto | lana | negro | vestido | chaqueta | marrón | vaqueros | elegante

PRENDAS DE ROPA	MATERIALES	COLORES	DESCRIPCIONES

17 Irene y Mateo buscan un regalo para el padre de Irene en el Rastro. Relaciona las preguntas con las respuestas.

1. ¿Qué le quieres regalar? ¿Ya tienes alguna idea? ☐
2. ¡Cuánta gente! Ya no hay sitio, ¿no? ☐
3. ¿Tu padre colecciona algo? ☐
4. ¿Qué te parece si le compras un reloj antiguo? ☐
5. ¿Cuál te gusta más? ☐
6. ¿No te parece muy caro? ☐
7. ¿Y tú? ¿No vas a comprar nada? ☐
8. ¿Tomamos algo en la Plaza de Cascorro? ☐

a. Sí, hemos venido demasiado tarde.
b. El amarillo pequeño. ¿A ti?
c. ¡Sí! Me apetece beber algo bien frío.
d. Sí, seguro que encontramos algo más barato.
e. ¡Qué buena idea! ¡Mira, allí hay unos muy bonitos!
f. La verdad es que no. Vamos a mirar por ahí.
g. Sí, le encantan las antigüedades.
h. Hoy no. Tengo que ahorrar para las vacaciones.

18 Completa las frases con los verbos de las etiquetas en la forma adecuada.

alquilar	prestar	regalar	devolver	enviar

1. ¿Todavía no te ha llegado el paquete? Pero si te lo .... hace ya varios días.
2. ¿Me puedes .... tu cámara de vídeo para la fiesta?
3. Tomás, todavía no me .... los 50 € que te dejé la semana pasada.
4. En mayo es la boda de Ángela y Luis. ¿Qué les podemos ....?
5. ¿Por qué no .... unas bicicletas y nos vamos de excursión?

19 Tú y tus hermanos/as estáis organizando la fiesta de aniversario de vuestros padres. ¿Quién hace qué? Responde a las preguntas.

1. • ¿Quién le compra la tableta a papá?
   ▪ (yo) *Se la puedo comprar yo. / Puedo comprársela yo.*
2. • La tía Marta está enferma. ¿Quién puede llevarle la comida a casa?
   ▪ (Gloria) ....
3. • ¿Quién le quiere comprar a mamá el perfume?
   ▪ (yo) ....
4. • El primo Juan no tiene ropa para la fiesta. ¿Quién le puede prestar un traje?
   ▪ (Ángel) ....
5. • Papá está muy nervioso. ¿Quién le va a dar un masaje?
   ▪ (yo) ....
6. • ¿Quién les va a entregar los regalos a papá y mamá?
   ▪ (los niños) ....

20 Completa este cuestionario sobre los hábitos de compra con los pronombres interrogativos.

cuál	cuáles	cuándo	cuántos	dónde	por qué	qué (2x)

¿QUÉ TIPO DE COMPRADOR/A ERES?

Si contestas a este cuestionario, puedes ganar un fin de semana en Ibiza.

1 ¿.............................. años tienes?
2 ¿En .... trabajas?
3 ¿.............................. compras regularmente (supermercado, mercado, tienda del barrio…)?
4 ¿.............................. de estas tiendas te ofrece un servicio en línea?
5 Si trabajas durante la semana y tienes poco tiempo, ¿.............................. haces normalmente la compra?
6 Si compras en línea, ¿.............................. son tus motivos?
7 ¿.............................. importancia tiene la marca para ti?
8 ¿Sueles pagar tus compras en efectivo o con tarjeta? ¿..............................?

¡Gracias por tu colaboración!

21 Completa las preguntas con qué, cuál o cuáles. Luego, completa los diálogos con las preguntas adecuadas.

1. ¿ .... es tu correo electrónico?
2. ¿ .... pastel llevamos? ¿El grande o el pequeño?
3. ¿ .... prefieres para tu cumpleaños, una camiseta o unas gafas?
4. ¿ .... de estos sombreros te gusta más?
5. ¿ .... de las zapatillas prefieres, las rojas o las azules?
6. ¿ .... le compramos a Mercedes?

a. • ....
▪ Mejor el grande. Somos ocho personas en total.

b. • ....
▪ pilimelero@difu.es.

c. • ....
▪ Ropa tengo mucha, mejor unas gafas de sol.

d. • ....
▪ No tengo ni idea. ¿Qué tal algo para la casa?

e. • ....
▪ Si te digo la verdad... ninguno.

f. • ....
▪ Las rojas me parecen ideales.

22 Lee el diálogo y elige la opción correcta.

- ¿Qué **te / ti** parece si **le / la** regalamos a Linda estas gafas de sol?
- ¿Tú crees que **les / las** va a llevar? Las gafas **le / se** encantan, pero ya sabes que solo **les / las** usa de marcas famosas.
- Tienes razón, pero unas gafas de sol de marca **me / mi** parecen demasiado caras.
- ¿Qué tal unas entradas para algún concierto? ¿Tú sabes qué música **le / la** gusta?
- No, no lo sé, pero ¿tú **le / la** has visto alguna vez yendo a un concierto de música?
- No, la verdad es que no. Oye, **le / la** podemos regalar un curso de yoga, eso seguro que **le / la** va a gustar.
- ¡Buena idea! Entonces vamos a una escuela de yoga y **le / se** compramos un cheque regalo.
- ¡Genial! **Se lo / Le lo** podemos enviar a casa con unas flores.

23 Lee otra vez el texto sobre los carnavales de Oruro y Cádiz en las páginas 36 y 37 de la Edición para estudiantes. ¿Cuáles de estas frases se refieren al carnaval de Oruro (O) y cuáles al carnaval de Cádiz (C)?

1. La fiesta es Patrimonio de la Humanidad.
2. Grupos de cantantes compiten en concursos musicales.
3. El origen de la fiesta simboliza los peligros del trabajo en las minas.
4. Participan casi un millón de personas.
5. Los habitantes de la ciudad se llaman gaditanos.
6. Más de 400 bailarines con máscaras representan la lucha del bien y del mal.
7. Como en muchas fiestas, se mezclan tradiciones cristianas con creencias prehispánicas.
8. Es tradición comer pequeñas raciones de pescado frito en los bares.

MUNDO PROFESIONAL

24 a. Una reclamación. Lee esta carta y escribe la traducción a tu lengua de las palabras siguientes.

1. la oferta ....
2. el pedido ....
3. el descuento ....
4. la factura ....
5. el importe ....
6. el artículo ....
7. el pago ....
8. el precio de venta al público (PVP) ....

Estimados señores:

Hemos recibido los *artículos* de nuestro *pedido* del 22 de septiembre. Lamentablemente en la *factura* aparece un *importe* de 547 €, es decir, el *PVP* sin el *descuento* del 15 % de su *oferta* del 31 de agosto. Pensamos que se trata de un error, por eso no vamos a realizar el *pago* y les pedimos ponerse en contacto con nosotros.

Atentamente,

Ana María Gutiérrez

b. Respuesta a una reclamación. Aquí tienes la respuesta. Complétala con las palabras de a.

Estimada Sra. Gutiérrez:

Acabo de recibir su carta y le pido perdón por el error. Durante el mes de agosto tuvimos una .... especial para todos los pedidos realizados antes del 31 de agosto. Ustedes hicieron el .... a principios de septiembre, pero como son muy buenos clientes, les propuse un .... del 15 %.
Lamentablemente uno de nuestros empleados se equivocó y escribió el precio original de los ....
Le pido disculpas y le envío la .... corregida con el .... correcto.

Atentamente,

Pablo Díaz
Departamento de Ventas

PRONUNCIAR BIEN

25 a. La entonación de las preguntas. Lee el texto y comenta las dudas en clase.

Por lo general, en español la entonación de las preguntas que se pueden contestar con **sí** o **no** es ascendente. En cambio, las preguntas que empiezan con los pronombres interrogativos (**qué**, **quién**, **cuál**, **cuándo**, **dónde**) suenan a menudo como una oración enunciativa, ya que la entonación hacia el final de la frase es descendente.

¿Te gustan estos libros? ¿Cuál de los dos te gusta más?

b. 10 - Dibuja la curva de entonación de cada pregunta. Luego, escucha y comprueba.

1. ¿Cuál es tu color favorito?
2. ¿Me lo puedo probar?
3. ¿Puedo pagar con tarjeta?
4. ¿Qué te has comprado?
5. ¿Cuánto cuesta este reloj?
6. ¿Lo tiene en otro color?

AUTOEVALUACIÓN

YA SÉ...

... nombrar tipos de establecimientos o lugares de compra:
grandes almacenes, mercadillo, ______

... decir de qué material es la ropa:
______ ______ ______ ______

... describir la ropa:
La camisa blanca me queda un poco ______.

... pedir algo en una tienda (de ropa):
Necesito una talla ______. ¿La tienen también en otro ______?

... decir los nombres de las tiendas:
frutería, tienda de ropa, ______

... diferenciar entre qué y cuál / cuáles:
¿______ chaqueta compramos? ¿______ te gusta más?

... usar los pronombres indefinidos:
Hoy no he comprado ______. ¿Conoces a ______ en la clase?

... usar pronombres indirectos y directos en una misma frase:
¿Ese reloj? ______ he comprado a mi hijo.

3 ¡QUÉ DESCANSO!

Comunicación
- Preguntar por la salud
- Describir los síntomas de una enfermedad
- Desenvolverse en la farmacia
- Sugerir remedios para una enfermedad
- Indicar de qué modo se realiza una acción
- Hablar de estados y acciones habituales en el pasado
- Marcadores temporales de pasado
- **MUNDO PROFESIONAL** Problemas y consejos en el trabajo

Léxico
- Tratamientos de salud y belleza
- Las partes del cuerpo
- Medicamentos
- Actividades saludables
- Actividades relacionadas con la playa

Gramática
- Adjetivos y adverbios
- Adverbios en **-mente**
- El pretérito imperfecto
- **PRONUNCIAR BIEN** Pronunciación y ortografía

Cultura
- La escuela en los años 50
- La movida madrileña
- **DE FIESTA** Las Fallas de Valencia

1 Escribe los nombres de las partes del cuerpo.

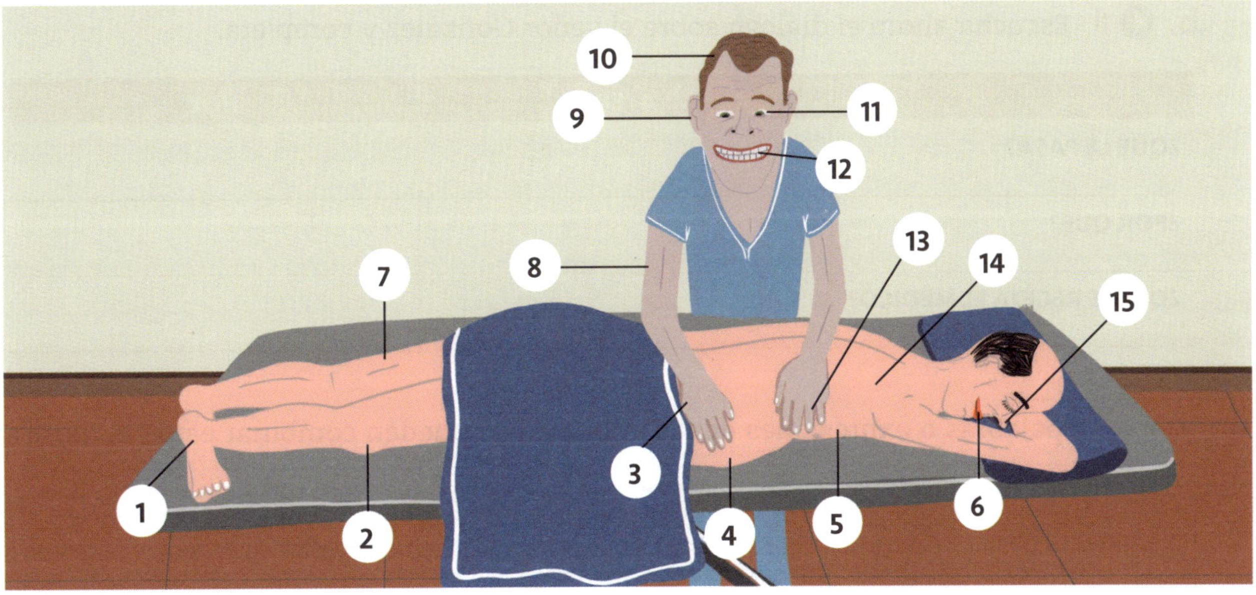

1. pies
2. ....
3. ....
4. ....
5. ....
6. ....
7. ....
8. ....
9. ....
10. ....
11. ....
12. ....
13. ....
14. ....
15. ....

2 Las partes del cuerpo. En cada frase hay una palabra incorrecta. ¿Puedes corregirla?

1. Los zapatos se llevan en los ~~dientes~~ pies .
2. En la mano tenemos cinco piernas ______ .
3. Un buen futbolista tiene que cuidar mucho sus orejas ______ .
4. En situaciones formales nos damos la barriga ______ para saludarnos.
5. La espalda ______ nos sirve para probar la comida y para hablar.
6. El sombrero lo llevamos en la nariz ______ .
7. Mi hija tiene los brazos ______ azules; mi hijo los tiene marrones.
8. La minifalda tiene que ser muy corta, siempre por encima de las manos ______ .

3 a. Lee este diálogo y completa con las palabras de las etiquetas.

diarrea | estómago | farmacia | fatal | fiebre | grave | mejor | mejore | pasa | receta | tomar

- Hola, buenos días, señor González.
- Hmm, buenos no son...
- A ver, ¿qué le ______ hoy?
- Estoy ______ . Me duele mucho el ______ y tengo ______ . Yo creo que fue la ensaladilla rusa que cené ayer.
- ¿Tiene ______ ?
- Sí, treinta y ocho con cinco.
- Hmm... Vamos a ver... Tranquilo, que no es nada ______ . Con esta ______ puede comprar en la ______ unas pastillas para la diarrea. Tiene que ______ tres al día. Además, hoy tiene que beber mucho y comer cosas ligeras, yogur natural, por ejemplo.
- Bueno, doctor, si no estoy ______ mañana, vengo otra vez.
- ¡Que se ______ , señor González!

b. 11 – Escucha ahora el diálogo sobre el señor González y completa.

	AYER	HOY
¿QUÉ LE PASA?		
¿POR QUÉ?		
¿QUÉ LE RECETA EL MÉDICO?		

4 ¿Con qué palabras o expresiones de las etiquetas se pueden combinar estos verbos?

diarrea | ejercicios | resfriado | tranquilamente | un baño | deporte | todo con prisa | enfermo

una infusión | fatal | poco y mal | tos | la siesta | una aspirina | alergia al huevo | yoga | dolor de cabeza

hacer ______
tomar ______
dormir ______
tener ______
estar ______

5 Lee el diálogo y completa con las palabras siguientes.

café	concentrarme	con prisa	dieta	espalda	estómago	estrés
hábitos	infusiones	medicamento	ordenador	paquete	practicar	yoga

- No sé qué me pasa. Me cuesta mucho ………………: necesito cuatro horas para hacer lo que antes hacía en dos y, claro, luego hago todo ……………… y mal.
- Según lo que dice, parece que tiene ……………… .
- Eso me dicen mis colegas. Además, después de comer siempre tengo fuertes dolores de ……………… .
- ¿Fuma?
- Antes fumaba solo el fin de semana, ahora estoy fumando demasiado. Un ……………… al día.
- ¿Qué me dice? ¿Y también toma mucho ……………… ?
- Sí, sí, continuamente. Además, me duele bastante la ……………… porque paso muchas horas delante del ……………… .
- Necesita hacer una ……………… rica en frutas y verduras. Le recomiendo tomar ……………… en lugar de café. También le conviene ……………… técnicas de relajación. Lo mejor son ejercicios de ……………… .
- ¿No me va a dar ningún ……………… ?
- No, primero tiene que relajarse y cambiar sus ……………… de vida. Si en un mes no mejora, vamos a ver.

6 Completa en tu cuaderno una ficha para cada paciente según la información del texto.

El paciente que tiene gripe se llama Juan. A la mujer le duele mucho la espalda. Bernardo tiene últimamente mucho estrés y no puede dormir. El paciente con fiebre tiene que beber mucho y tomar paracetamol. El paciente estresado necesita relajarse y hacer deporte. A Carmen el médico le recomienda unos masajes y unos ejercicios.	**Paciente:** ……………… **Síntomas:** ……………… ……………… **Recomendaciones:** ……………… ………………

7 Relaciona las preguntas con las respuestas.

1. ¿Qué le pasa al bebé? ☐
2. ¿Tienes fiebre? ☐
3. ¿Por qué no tomas un té con limón? ☐
4. Para el dolor de garganta, ¿qué me recomienda? ☐
5. ¿No tiene algo más fuerte? ☐
6. ¿Qué te ha recetado el médico contra el resfriado? ☐

a. Sí, pero para eso se necesita receta.
b. Unas gotas para la nariz y un jarabe.
c. No sé, tiene una diarrea muy fuerte.
d. Sí, casi treinta y nueve.
e. ¡Huy, no! Tengo alergia al limón.
f. Lo mejor es tomar leche caliente con miel.

8 Completa la tabla.

A mí	me	
A ti	………………	
A él / ella / usted	………………	duele la cabeza.
A nosotros/as	nos	duelen las piernas.
A vosotros/as	………………	
A ellos / ellas / ustedes	………………	

9 Escribe consejos combinando los elementos de las columnas. Conjuga los verbos.

Si	te le os les —	doler tener estar	la cabeza, la espalda, los pies, fiebre / diarrea / tos, cansado/a, nervioso/a, enfermo/a,	poder tener que convenir ¿por qué no...?	tomar comprar quedarse beber descansar dormir trabajar	aspirinas / medicamentos. en la cama. algo caliente / una infusión de hierbas / leche con miel. mucho. menos. un baño de pies.

10 **a.** Lee estos comentarios y elige la opción correcta en cada caso.

1. María Jesús: "Pues **me / a mí** gusta mucho mi trabajo. Tú ya **le / lo** sabes, ¿no? Pero hace dos semanas empecé con un nuevo proyecto y estoy muy nerviosa, porque es todo muy complicado. **Me / Yo** cuesta mucho concentrarme y **me / mi** duele la cabeza. Ayer fui al médico y **se / me** dijo que **el / lo** que tengo es estrés. **Le / Me** recomendó **irse / irme** de vacaciones y no pensar en el trabajo".

2. Rosa: "**Me / Se** levanto todos los días a las seis y preparo el desayuno para los niños. Después **los / ellos** llevo al colegio en coche y voy directamente a **mí / mi** trabajo. A las cinco **los / me** llevo a la piscina, a la clase de inglés o al deporte. Por la noche **me / yo** acuesto tarde, porque **le / me** gusta ver un poco la televisión o escuchar música en el sofá".

3. Ignacio: "Mi padre tiene 65 años y desde marzo ya no trabaja. **Se / Le** levanta todos los días a las nueve y eso está bien, pero después **le / se** cuesta mucho organizar su día. Los primeros meses **los / las** pasó mejor: ordenó sus fotos, llamó a muchos amigos... Pero ahora se aburre. Mis hermanos y yo **le / lo** recomendamos buscarse una afición, pero él no escucha **nosotros / nuestros** consejos".

b. Lee los comentarios de **a** otra vez. Luego combina los elementos y forma frases.

María Jesús Rosa El padre de Ignacio	tiene duerme trabaja es está	mucho/a/os/as bastante/s demasiado/a/os/as poco/a/os/as muy	horas. estrés. nervioso/a. tiempo libre. activo/a. trabajo. —

11 Forma frases combinando los elementos de las cuatro columnas.

A los niños	me	fascinan	la reflexoterapia.
A María	te	duelen	las piernas.
A mí	le	encanta	las terapias alternativas, ¿no?
A Jorge y a mí	nos	cuesta	dormir.
A ti	os	duele	concentrarme.
A María y a ti	les	interesa	el estómago.

12 Completa los diálogos con los pronombres directos o indirectos adecuados.

1. • Buenos días, señora Martós, ¿.................... puede decir qué .... duele?
▪ .... duele todo, seguro que tengo gripe.

2. • Teresa, ¿dónde has puesto las aspirinas?
▪ .... tienes en el botiquín del baño.

3. • Hola, Paco. ¿Qué .... ha dicho el médico?
▪ Pues nada, que tengo estrés. .... ha recomendado descansar y hacer más deporte.

4. • A Pepe y a ti .... gusta mucho la naturaleza, ¿no?
▪ Sí, ... encanta y a los niños también .... gusta mucho pasar el día en el campo.

5. • Por favor, ¿.................... puede decir dónde está la consulta del doctor Torres?
▪ Sí, claro. Allí, al final del pasillo .... tiene.

6. • ¿Compraste los medicamentos para tu hermana?
▪ Ay, me olvidé, pero .... compro esta tarde.

13 Completa la tabla con los adverbios en -mente.

diario/a	→	diari**amente**	frecuente	→	frecuente**mente**
científico/a	→		suficiente	→	
cómodo/a	→		normal	→	normal**mente**
lento/a	→		regular	→	

14 Reescribe estas frases como en el ejemplo.

Tuvimos una conversación muy abierta. → Charlamos abiertamente.
El fin de semana fue muy tranquilo. → Pasamos el fin de semana ....
Para mí el italiano es una lengua fácil. → Aprendo italiano ....

15 Adjetivos y adverbios. Relaciona las frases con las explicaciones correspondientes.

1.1 Voy a comprar algo de comida rápida. ☐ **a.** Voy a comprar comida lo antes posible.
1.2 Voy a comprar algo de comida rápidamente. ☐ **b.** Voy a comprar comida ya preparada.

2.1 Estuvimos en un balneario tranquilo. ☐ **a.** Estuvimos en un balneario y nos relajamos.
2.2 Estuvimos en un balneario tranquilamente. ☐ **b.** En el balneario no había ruido.

3.1 Aprendo una lengua fácil. ☐ **a.** La lengua que aprendo no es complicada.
3.2 Aprendo una lengua fácilmente. ☐ **b.** No tengo problemas para aprender una lengua.

16 ¿Adjetivo o adverbio? Completa los diálogos con la forma adecuada.

1.
- ● ¿Cómo vais a visitar a tus padres?
- ■ Esta vez viajamos .... (CÓMODO) en tren.
- ● ¿En el AVE? La verdad es que es muy .... (CÓMODO).

2.
- ● Ayer tuve una conversación muy .... (AGRADABLE) con el nuevo jefe.
- ■ A mí también me parece que es .... (SIMPÁTICO).

3.
- ● ¡Qué inteligente es Juan! Ha aprendido .... (FÁCIL) chino en poco tiempo.
- ■ Vaya, pues el chino no es un idioma .... (FÁCIL), creo.

4.
- ● ¿Has leído esto? Han probado .... (CIENTÍFICO) que el estrés es más grave que muchas otras enfermedades.
- ■ ¿Seguro que es un estudio .... (CIENTÍFICO)? Esa revista no es muy seria.

17 Completa la tabla con los infinitivos y los tiempos verbales en la tercera persona del singular (él, ella, usted).

INFINITIVO	PRESENTE	PERFECTO	INDEFINIDO	IMPERFECTO
ser	es			
		ha estado		
	va			
			hizo	
ver				
		ha tenido		
				ponía

18 Completa las tablas con las formas del pretérito imperfecto.

VERBOS REGULARES			
	-AR	**-ER**	**-IR**
yo	trabajaba	aprendía	
tú		aprendías	conducías
él, ella, usted	trabajaba		conducía
nosotros/as		aprendíamos	
vosotros/as			conducíais
ellos, ellas, ustedes	trabajaban	aprendían	

VERBOS IRREGULARES			
	SER	**IR**	**VER**
yo	era		veía
tú		ibas	veías
él, ella, usted	era	iba	
nosotros/as	éramos		veíamos
vosotros/as			
ellos, ellas, ustedes		iban	

19 **a.** Las escuelas de antes. Lee el texto y completa con los verbos en imperfecto.

Una escuela en los años 50

Mi abuelo Jesús, el padre de mi padre, ____________ (SER) profesor. Esta es una foto de mi abuelo en la escuela en el año 1950. La escuela ____________ (ESTAR) en un pequeño pueblo de la provincia de Málaga. Los profesores entonces ____________ (GANAR) muy poco dinero y ____________ (TENER) que hacer otros trabajos para poder vivir. Por eso mi abuelo, por las noches, ____________ (AYUDAR) también en la oficina de Correos. Allí ____________ (TRABAJAR) también mi abuela y así los dos se conocieron.
En aquella época los niños y las niñas ____________ (ESTUDIAR) por separado: ellas, con su profesora, ellos, con su profesor. Además, los alumnos no ____________ (TENER) libros porque no ____________ (PODER) comprarlos. También ____________ (HABER) niños de todas las edades en la misma clase y ____________ (TENER) que aprender todos juntos. Normalmente, cuando ____________ (SER) muchos, los mayores ____________ (AYUDAR) a los más pequeños. Mi abuelo dice que todos ____________ (APRENDER) mucho y que ____________ (SER) muy felices.

b. ¿Cómo era la escuela cuando eras pequeño/a? ¿Ha cambiado mucho? Escribe un breve resumen.

20 La vida antes y hoy. ¿Cómo ha cambiado tu vida?

Hace 10 años ....

....

Y ahora ....

....

Hace 5 años ....

....

Y ahora ....

....

Antes de 2020 ....

....

Y ahora ....

....

21 La vida de Daniela ha cambiado en los últimos años. Compara su vida de antes con la de ahora, como en el modelo.

ANTES	AHORA
salir de fiesta casi todas las noches	salir solo los fines de semana
comer en restaurantes	comer comida casera y cenar en casa
vivir en un apartamento en el centro de la ciudad	vivir en una casa en las afueras
acostarse a las 3 de la mañana	acostarse temprano
dormir poco	dormir poco
conducir una moto grande	conducir un coche
visitar cada verano un país diferente	viajar por el país en el que vive
tener muchos planes con gente diferente	hacer planes con amigos cercanos

Antes, Daniela salía de fiesta casi todas las noches, pero ahora sale solo los fines de semana.

22 Elisa habla de su infancia. Completa con las formas del imperfecto.

1. Mis padres .... (ESTAR) separados. Mi madre .... (VIVIR) en Milán porque .... (SER) italiana y .... (TRABAJAR) como diseñadora de moda.
2. Mi hermano y yo .... (VIVIR) con mi padre en Bolzano, donde él .... (TENER) un pequeño hotel.
3. En la escuela se .... (HABLAR) italiano en clase, pero todos los días .... (HABER) una hora de alemán.
4. Mi hermano y yo .... (SER) muy deportistas, nos .... (ENCANTAR) esquiar.
5. Todos los días, después de la escuela, ... (IR) al entrenamiento y el fin de semana .... (PARTICIPAR) en competiciones.
6. Después del deporte y de los deberes .... (ACOSTARSE) a las nueve o nueve y media de la noche.
7. En las vacaciones mi hermano y yo .... (IR) a visitar a nuestra madre y .... (PASAR) el verano con ella en Milán.

23 La movida madrileña. Completa el texto con el verbo adecuado en imperfecto.

bailar	buscar	escuchar	identificarse	intentar

llevar	luchar	moverse	presentarse	salir	ser

La movida madrileña fue un movimiento cultural que nació en la capital española después de la dictadura del general Franco (1936–1975). Este movimiento se extendió rápidamente a otras ciudades españolas y duró hasta finales de los años 80.

En esa época, Madrid no solo ______ la capital de España, era la capital del cambio. La gente joven ya no ______ con el estilo de vida de sus padres. Ellos ______ otros caminos, ______ por ser diferentes y romper con el pasado. Nacieron en España las culturas alternativas o *underground*, movidas por el deseo de los jóvenes de expresarse libremente. La gente joven ______ por las noches, ______ hasta el amanecer y ______ un nuevo tipo de música de grupos nacionales como Los Secretos, Alaska y los Pegamoides, Nacha Pop y muchos más. Las chicas ______ ropa como Madonna y en las discotecas los jóvenes ______ como Michael Jackson.

España ______ a Europa con una nueva imagen más moderna e ______ borrar de esta manera la imagen negativa que tenía después de 40 años de dictadura.

24 En cada frase hay un error. Cambia las palabras en negrita sustituyéndolas por las correctas de la derecha.

1. Antes siempre iba **con** taxi a todos los lugares.
2. Después del paseo **a mí** duelen las piernas, no puedo caminar más.
3. Últimamente mi marido tiene dolores de espalda **mucho** fuertes.
4. **Con** los 17 años viajé por primera vez a Inglaterra.
5. El balneario se encuentra en la provincia **–** Pontevedra.
6. Después del deporte un masaje **se** puede ayudar a relajarse.
7. Cuando **había** 16 años empecé a fumar.
8. Las curas **al** balneario eran muy variadas.

a. de
b. tenía
c. en el
d. le
e. me
f. muy
g. en
h. a

25 Lee de nuevo el texto sobre las Fallas en las páginas 50 y 51 de la Edición para estudiantes y elige la opción correcta.

1. Las Fallas de Valencia son una fiesta **nacional / de la ciudad**.
2. Se celebran **al final del invierno / al principio del verano**.
3. El elemento principal de esta fiesta es **el fuego / el agua**.
4. La fiesta dura **casi una semana / algo más de una semana**.
5. Se trata de una fiesta **muy ruidosa / religiosa**.
6. Las fallas son esculturas **de madera / de cartón**.
7. En la noche de San José, las fallas **se llevan al museo / se queman**.
8. Cuando la fiesta termina, los valencianos **ya piensan en las próximas Fallas / se van de vacaciones**.

MUNDO PROFESIONAL

26 Un/a nuevo/a compañero/a de trabajo tiene estos problemas. ¿Puedes darle consejos?

1. No tengo todavía copia de mi contrato. ▢
2. Todavía no conozco a todos los colegas. ▢
3. Mi ordenador no funciona bien. ▢
4. Hay muchos clientes de EE. UU. y yo no sé inglés. ▢
5. Necesito enviar un paquete. ▢
6. Tengo que reservar un vuelo. ▢
7. El aire acondicionado no funciona. ▢
8. Todavía no he leído los documentos para la reunión de mañana. ▢

a. pedir ayuda a la asistente
b. llamar a la agencia de viajes de la empresa
c. llamar al Departamento de Informática
d. ir a clases de inglés por la tarde
e. llamar al servicio técnico
f. presentarse a los compañeros
g. quedarse en la oficina una hora más
h. preguntar en el Departamento de Recursos Humanos

1. ¿Por qué no preguntas...? / Puedes preguntar...

PRONUNCIAR BIEN

27 a. Pronunciación y ortografía. Lee el texto y comenta las dudas en clase.

Como ya sabes, la pronunciación también afecta a la ortografía:

- El sonido [k] se escribe con la letra **c** delante de las vocales **a**, **o**, **u**, pero **qu** delante de **e**, **i**. **Qu** se escribe exclusivamente delante de las letras **e**, **i**.
- El sonido interdental [θ] se escribe con la letra **z** delante de **a**, **o**, **u**, pero con **c** delante de **e**, **i**. Las combinaciones ~~ze~~ y ~~zi~~ no existen en palabras del español, excepto en algunas de origen extranjero (*zeta*, *Zelanda*...).
- El sonido [x] se escribe con la letra **j** delante de **a**, **o**, **u**, pero delante de **e**, **i** en algunas palabras se escribe con **j** y en otras con **g**.
- El sonido [g] se escribe con **g** delante de **a**, **o**, **u**, pero con **gu** delante de **e**, **i**.

[k]		[θ]	
ca	carácter	za	zapatos
que	queso	ce	centro
qui	quiosco	ci	cinco
co	cómodo	zo	zoo
cu	cuaderno	zu	zumo

[x]		[g]	
ja	jardín	ga	gato
je / ge	jefe / gente	gue	guerrilla
ji / gi	jirafa / gimnasia	gui	guitarra
jo	joven	go	golf
ju	jugar	gu	gusto

Cuando escuchas [ke], puedes estar seguro de que se escribe con **qu**; cuando escuchas [ku], se escribe con **c**. Teniendo esto en cuenta no te vas a equivocar al escribir palabras como **cuando**.

En esta unidad has visto verbos que en la primera persona del singular del indefinido cambian su ortografía para mantener la pronunciación original, por ejemplo: *empezar – yo empe**c**é, buscar – yo bus**qu**é, pagar – yo pa**gu**é.*

b. 12 - Escucha estas palabras y complétalas con las consonantes que faltan.

1. cha___eta
2. ___itarra
3. hi___o
4. venta___a
5. ti___eras
6. ___uarenta
7. practi___é
8. ___entral
9. traba___ó
10. ___apato
11. lle___é
12. co___ina
13. empe___é
14. a___encia

AUTOEVALUACIÓN

YA SÉ...	👍	✋	👎
... nombrar las partes del cuerpo: cabeza, ...	▢	▢	▢
... preguntar por la salud: ¿Qué .... ? .... ?	▢	▢	▢
... describir los síntomas de una enfermedad: Me duele .... Tengo .... Estoy	▢	▢	▢
... comprar medicamentos en la farmacia: Necesito .... ¿Tienen	▢	▢	▢
... hablar de remedios: Si tengo fiebre, tomo	▢	▢	▢
... entender los consejos que da el médico o el farmacéutico: Para eso es bueno .... Conviene	▢	▢	▢
... decir de qué modo se hace una cosa: Aprendo el vocabulario	▢	▢	▢
... describir estados y acciones habituales en el pasado: Cuando iba al colegio, ...	▢	▢	▢
... usar marcadores temporales para el pasado: .... los 16 años, ... los años 80, ... tenía 18 años	▢	▢	▢
... formar adverbios en -mente a partir de adjetivos: lento – ...., fácil – ...., agradable –	▢	▢	▢
... usar adjetivos y adverbios: Entender la gramática es .... Entiendo la gramática	▢	▢	▢
... conjugar los verbos regulares en imperfecto: yo hablaba, tú ....; yo comía, tú	▢	▢	▢
... conjugar el imperfecto de los verbos ser, ver, ir: ser: yo ....; ver: tú ....; ir: usted	▢	▢	▢

4 MIRADOR

Unidad de repaso

1 a. Lee este correo electrónico y marca las opciones correctas.

Mensaje nuevo

Querida Susana:

¡Por fin estoy [1] León! Estoy en casa de Arturo [2] dos días, pero no te he escrito antes [3] estaba muy cansado. El viaje [4] horrible: el avión a Madrid llegó muy tarde y por eso no [5] tomar el tren a León. Al final tuve que venir [6] autobús y por eso el viaje fue muy [7] .

Hasta ahora no hemos hecho muchas cosas, pero [8] más me ha gustado es el ambiente del Barrio Húmedo. Los bares son fantásticos y las tapas, deliciosas. ¡Ya me lo [9] ! Bueno, seguro que quieres saber más, porque no eres muy [10] . Mañana te escribo.

Un beso y ¡hasta pronto!

Pedro

1. ☐ a ☐ en ☐ de
2. ☐ hace ☐ desde ☐ desde hace
3. ☐ como ☐ por eso ☐ porque
4. ☐ fue ☐ estaba ☐ fui
5. ☐ pudo ☐ he podido ☐ pude
6. ☐ con ☐ en ☐ al
7. ☐ lento ☐ lentamente ☐ rápido
8. ☐ que ☐ lo que ☐ porque
9. ☐ dijiste ☐ diciste ☐ vas a decir
10. ☐ ordenada ☐ paciente ☐ trabajadora

b. En una agencia de viajes. Lee este diálogo y completa con cuatro expresiones de las etiquetas.

es que	me puede	se mejore	no sé	le gusta	me gustaría

- Buenos días. ¿Qué desea?
- ▪ .... ir con mi mujer a un balneario, un fin de semana.
- Vamos a ver. ¿Conoce usted el balneario de Mondariz?
- ▪ Pues sí. Estuvimos allí el año pasado. ¿.................... recomendar otros?
- Bueno, aquí tengo el catálogo de balnearios de este año. ¿Por qué no lo miran juntos y así deciden?
- ▪ Uy, no, ... ella no sabe nada. Es una sorpresa para su cumpleaños.
- ¿Y qué le gusta a su mujer?
- ▪ Seguro que un tratamiento de reflexoterapia .... mucho.
- Ah, muy bien. Entonces creo que sé lo que necesita. Ahora mismo le muestro las ofertas.

2 13-17 - **Lee las siguientes frases. Luego escucha cinco textos cortos y decide si las frases son verdaderas (V) o falsas (F). Escucha los textos de nuevo y comprueba.**

1. Un anuncio de un centro de belleza y salud:
   ☐ Esta semana tiene que pagar solo un 50 % por los masajes de pies.
2. Un programa de radio:
   ☐ El remedio es contra el dolor de estómago.
3. Un anuncio sobre las fiestas de Ávila:
   ☐ Las fiestas son del 9 al 15 de octubre.
4. Un mensaje en una escuela de idiomas:
   ☐ El curso de inglés de nivel B2 es en el aula B23.
5. Una información de la consulta del doctor Martínez:
   ☐ Los viernes la consulta está abierta de 9 a 12 y de 14 a 17 horas.

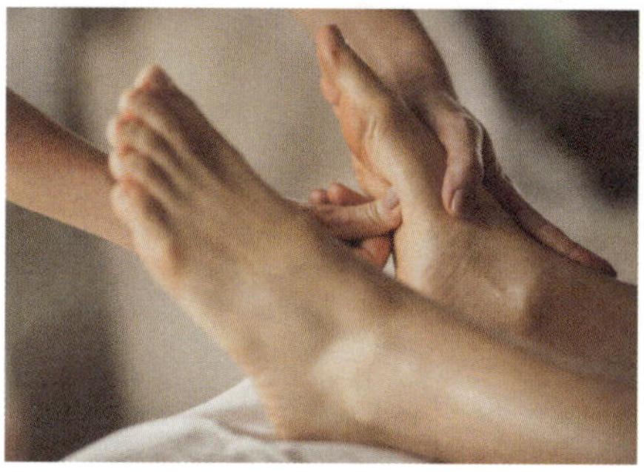

3 **Lee esta guía para visitar León y su provincia, y decide cuál de estos títulos corresponde a cada texto.**

a. ☐ Tratamiento con piedras calientes
b. ☐ El agua, fuente de salud y belleza
c. ☐ Un museo para ver y tocar
d. ☐ Para los amantes del senderismo
e. ☐ Un alojamiento de lujo
f. ☐ Dónde comprar comida típica
g. ☐ Un dulce exquisito
h. ☐ Actividades para todas las edades

1 BALNEARIO CALDAS DE LUNA
Sus aguas medicinales, a una temperatura de 28,5 °C, se usan principalmente para tratamientos nerviosos y de piel. En el balneario también se puede disfrutar de sus tratamientos de belleza, masajes y sauna.

2 MONASTERIO DE SAN MARCOS
En el centro de la ciudad, este monasterio tiene una de las fachadas más bellas de la región. El monasterio es también un hotel de cinco estrellas donde, además, se puede disfrutar de la comida típica de la región.

3 MANTECADAS DE ASTORGA
Hechas con harina, huevo, azúcar y canela, son un clásico de la pastelería de León. Para el desayuno o como postre, tiene usted que probarlas. También son un regalo típico que puede llevar a casa como recuerdo de un viaje inolvidable.

4 LA RUTA DEL CARES
No necesita tener mucha experiencia, solo ganas de hacer un camino de 12 km en unas 3 o 4 horas para disfrutar de un paisaje espectacular. No hay que olvidarse de la cámara fotográfica para llevarse a casa un recuerdo impresionante.

4 **Has pasado hace poco unos días de vacaciones en un país latinoamericano. Escribe una carta a un/a amigo/a y menciona cuatro de estos puntos.**

- Recordar cuándo os visteis por última vez.
- Explicar por qué decidiste viajar a ese país.
- Contar cómo fue tu viaje.
- Mencionar un monumento que viste o alguna comida típica que probaste.
- Contar que conociste a una persona interesante y cómo fue.
- Proponer a tu amigo/a un lugar y una ocasión para veros otra vez.

5 ¿TE ACUERDAS?

Comunicación
- Hablar de recuerdos
- Expresar emociones
- Hablar de acciones habituales en el pasado y de acontecimientos pasados
- Estructurar una historia: los conectores del discurso
- Diferenciar circunstancias y acontecimientos en una narración
- **MUNDO PROFESIONAL** Un currículum

Léxico
- Objetos tecnológicos imprescindibles
- Animales
- Juguetes y regalos

Gramática
- El uso reflexivo y no reflexivo de un verbo y sus cambios de significado
- Diminutivos
- El uso del indefinido y del imperfecto
- Expresar causa
- **PRONUNCIAR BIEN** La pronunciación de la **r** / **rr**

Cultura
- **DE FIESTA** La Semana Santa

1 Completa el crucigrama con los verbos en rojo en imperfecto y los verbos en verde en indefinido. En las casillas marcadas encontrarás una expresión relacionada con el tema de la lección.

1. ser, vosotras
2. estar, ellos
3. comer, nosotros
4. poder, yo
5. trabajar, ellas
6. decir, ellos
7. vivir, tú
8. dar, tú
9. ver, ustedes
10. hablar, nosotros
11. ir, ellas
12. ser, ustedes
13. tener, tú
14. encontrar, él
15. hacer, tú

Recuerda

Los colores rojo y verde, propios de los semáforos, nos refieren al uso de los tiempos del pasado en una narración: el rojo (parar) indica que la narración no avanza y se describen las circunstancias, el verde (avanzar) indica que la narración avanza.

2 Completa con los sustantivos y los diminutivos correspondientes.

el gato	el gatito	la hermana	la hermanita
la abuela			el regalito
el libro			la cervecita
la casa			el cafecito
el ratón			el barquito

3 Completa la tabla con las formas que faltan.

-O / -A	→	-ITO / -ITA	-E / CONSONANTE	→	-CITO / -CITA
hermano	→	hermanito	coche	→	cochecito
manzana	→		calor	→	
	→	amiguito		→	jamoncito
	→	gordito		→	grandecito
	→	pequeñita	mayor	→	

4 **a.** Elvira ha cambiado su vida. Combina las expresiones de las tres columnas para comparar la situación de antes con la actual.

ANTES	LO QUE PASÓ	SITUACIÓN ACTUAL
1. comer comida rápida	– ponerse enferma	– hacer tres viajes al año
2. no viajar mucho	– cambiar de empresa	– hacer yoga
3. jugar al tenis	– hacer un viaje a París	– tener su propio blog
4. llegar siempre tarde a la oficina	– tener un hijo	– comer solo comida sana
5. no usar internet	– comprar un ordenador	– pasar más tiempo en casa
6. estar todo el día fuera de casa	– tener problemas en las rodillas	– ser la primera en la oficina

Antes Elvira comía comida rápida, pero un día se puso enferma. Ahora come solo comida sana.

b. Y tu vida, ¿ha cambiado mucho estos últimos años? Escribe un pequeño texto.

5 ¿Indefinido o imperfecto? Lee las frases siguientes y elige cuál es el final correcto.

1. Cuando yo tenía 18 años, ...
   - ☐ fui a la piscina todos los días.
   - ☐ iba a la piscina todos los días.
2. Cuando Mariana trabajaba en el banco, ...
   - ☐ fue al trabajo en metro.
   - ☐ iba al trabajo en metro.
3. Cuando vimos esta casa, ...
   - ☐ decidimos comprarla enseguida.
   - ☐ decidíamos comprarla enseguida.
4. Cuando Felipe era pequeño, ...
   - ☐ jugaba en la calle.
   - ☐ jugó en la calle.
5. Cuando iba en moto con Óscar, ...
   - ☐ teníamos un accidente.
   - ☐ tuvimos un accidente.
6. Cuando terminé la novela, ...
   - ☐ la leyó mi hermano.
   - ☐ la leía mi hermano.
7. Cuando estudiaba en la universidad, ...
   - ☐ siempre estaba cansado.
   - ☐ siempre estuve cansado.
8. Cuando Lidia tenía 14 años, ...
   - ☐ sus padres se mudaron a otra ciudad.
   - ☐ sus padres se mudaban a otra ciudad.

6 **a.** Clasifica en tu cuaderno estas frases como positivas o negativas.

Me puse muy contenta.	Fue un fracaso.	Me encantó.	Me dio mucha alegría.

Me decepcionó.	Fue un éxito.	Me puse triste.	Fue una gran sorpresa.	Me pareció horrible.

b. **¿Cómo se sintieron estas personas? Continúa las frases como en el ejemplo, con las expresiones de a. Hay varias posibilidades.**

1. A Ana le regalaron el móvil que quería y por eso se puso muy contenta.
2. Todo el mundo habla de esa película, no sé por qué. A mí ______.
3. Antonio llamó a su abuela por su cumpleaños y ella ______.
4. No me gustó nada de la fiesta: ni la música, ni la comida, ni el lugar. ______.
5. La semana pasada terminé de leer esa novela. Es buenísima, ______.
6. En esa excursión salió todo perfecto. El tiempo, la ruta, el guía. ______.

7

a. **Escribe las historias de Alicia y Luis. Utiliza el imperfecto y el indefinido.**

Alicia, profesora de francés

Luis trabaja en una empresa de coches

- Estudiar inglés y portugués.
- En verano de 2012 hacer un viaje a Francia.
- Enseguida decidir estudiar francés.
- En 2019 trabajar en una feria de coches.
- Conocer a Luis en la feria.
- Luis ser un hombre muy divertido.
- Enseguida enamorarse de él.

- Querer montar mi propia empresa.
- En 2014 encontrar trabajo en una empresa de coches.
- En 2019 conocer a Alicia en una feria de coches.
- Alicia ser inteligente y muy interesante.
- Poco tiempo después mudarse a casa de Alicia.

b. 18 - **Alicia y Luis cuentan un poco más sobre sus vidas. Lee las frases. Luego escucha y marca la información correcta. Corrige las frases falsas.**

1. ☐ Se conocieron en el aeropuerto.
2. ☐ En la empresa de Luis nadie hablaba francés.
3. ☐ Luis se mudó a casa de Alicia poco después.
4. ☐ Antes Luis vivía con unos amigos.
5. ☐ Alicia compró la casa hace dos años.
6. ☐ Alicia pidió un crédito al banco.

8

Algunos conectores tienen un significado muy parecido a otros. Relaciona.

1. entonces	☐	a. al final
2. así que	☐	b. como
3. finalmente	☐	c. después
4. porque	☐	d. por eso
5. al día siguiente	☐	e. total que
6. resulta que	☐	f. un día después

9 ¿Qué le pasó el martes a Mercedes? Completa la historia con estos conectores.

primero	después	al final	entonces	mientras	cuando	como	porque	así que

El martes no fue un buen día para Mercedes. .... llegó a casa después del trabajo, abrió la nevera y vio que no había casi nada. Tenía mucha hambre, ... decidió ir al supermercado. Salió del apartamento y tomó el ascensor, pero .... bajaba, el ascensor se quedó entre dos pisos. .... tocó el botón de alarma, pero no vino nadie. .... empezó a gritar .... nadie oía la alarma. .... unos vecinos la ayudaron a salir. .... eran ya las nueve, todas las tiendas estaban cerradas. .... decidió pedir una pizza y sentarse delante de la tele.

Conectores

Como y **porque** introducen una causa, pero **porque** no puede estar al principio de la frase:

- Como llovía, tomé un taxi. = Tomé un taxi porque llovía.

10 La semana pasada Eduardo hizo muchas cosas. Formula frases usando el imperfecto o el indefinido y los conectores siguientes. A veces hay varias posibilidades.

cuando	mientras	como	porque	por eso	así que

1. no tener café en casa – desayunar en el bar de la esquina
2. no haber agua caliente – ducharse con agua fría
3. tener que ir al aeropuerto – tomar un taxi
4. estar en una entrevista de trabajo – sonar el móvil
5. pasear por el centro – ver un robo
6. nevar mucho – no llegar a tiempo al aeropuerto
7. esperar el autobús – encontrarse con un amigo
8. tener dolor de cabeza – acostarse a las ocho

1. Como Eduardo no tenía café en casa, desayunó en el bar de la esquina.
Eduardo no tenía café en casa, por eso...

11 Sopa de letras. Busca los nombres de 11 animales en esta sopa de letras. Se lee de izquierda a derecha y de arriba abajo.

E	L	C	A	I	M	A	J
A	P	E	R	R	O	S	A
F	A	R	E	R	S	T	G
N	E	D	N	A	Q	I	U
I	T	O	R	T	U	G	A
P	U	L	P	O	I	R	R
G	A	T	O	N	T	E	A
O	S	O	S	M	O	N	O

12 Lee estos recuerdos de la infancia de Miguel y marca la opción correcta en cada caso.

1. Mi madre **me regaló / me regalaba** una cámara polaroid cuando **cumplí / cumplía** 12 años. **Me gustó / Me gustaba** mucho porque **me encantó / me encantaba** pasarme el día haciendo fotos instantáneas.
2. La primera película que **vi / veía** en el cine **fue / era** *E.T.*, cuando **tuve / tenía** 10 años. Lo **pasé / pasaba** fenomenal y **fue / era** muy emocionante. Nunca olvidaré ese día.
3. Una vez, en el cumpleaños de mi mamá, le **hice / hacía** un pastel de chocolate. El resultado **fue / era** horrible, pero a ella le **dio / daba** mucha alegría porque lo **hice / hacía** yo. No **estuvo / estaba** muy rico, pero nos lo **comimos / comíamos** todo.
4. Mis amigos y yo **dimos / dábamos** un concierto en la escuela cuando **tuvimos / teníamos** 15 años. **Vino / Venía** muy poca gente y la acústica
fue / era muy mala. En realidad **fue / era** un fracaso, pero nosotros nos lo **pasamos / pasábamos** genial.

13 Paula y Marta están de Erasmus en Stuttgart. El fin de semana pasado decidieron visitar otra ciudad. Completa el texto con las expresiones de las etiquetas.

así que	mientras	al final	porque	a primera hora de la mañana
dos horas más tarde	después	total, que	primero	

El sábado pasado mi amiga Marta y yo decidimos pasar el domingo en Heidelberg .... no conocíamos la ciudad y ese fin de semana hacía un tiempo excelente.
.... la fui a buscar en coche y tomamos la autopista. .... yo conducía, Marta me contaba historias de la universidad y qué tal le iban las clases de alemán, y yo le hablaba de mis exámenes y de mis clases de yoga. Aproximadamente .... llegamos a nuestro destino. .... paseamos por el centro histórico y .... cruzamos el río y pudimos ver la ciudad desde el famoso puente. También subimos al castillo y .... comimos una pizza en una terraza.
Fue un día estupendo. Pero cuando llegamos a casa, no encontré las llaves de mi piso, ... tuve que volver a casa de Marta y dormir allí. .... la excursión fue genial, pero la vuelta a casa fue un desastre.

14 Lee estas frases y marca la opción correcta.

1. Mi madre es muy buena cocinera **por eso / como / porque** mi abuela le enseñó a cocinar.
2. Ayer mi hijo se cayó. **Por eso / Como / Porque** le dolía la pierna, no pudo ir al colegio.
3. Ernesto y yo jugábamos en el mismo equipo de fútbol, pero hace algunos años se mudó con su familia a Zaragoza, **porque / por eso / como** perdimos el contacto.
4. De niño, no me gustaba leer. Pero **por eso / como / porque** me encantaban los cuentos, mi padre siempre me contaba uno antes de dormir.

15 Ordena las fichas de dominó para formar pares de contrarios.

primero	dormirse
encontrar	triste
mentira	preguntar
despertarse	perder
contestar	contar
contento	verdad
escuchar	al final

16 Completa con los pronombres reflexivos si son necesarios.

1. • El sábado hay una fiesta, ¿vienes?
   ■ Lo siento, tengo que quedar .... en casa.
2. • Ayer, en el metro, ... encontré con Pablo.
   ■ ¿Y .... pusiste muy nerviosa?
3. • ¿........ pones el jersey? ¡Pero si hace calor!
   ■ ¿Sí? Pues yo tengo frío.
4. • El de las gafas es mi primo. .... llama Paco.
   ■ Pues parece muy simpático.
5. • Anoche, en el cine, ... dormí.
   ■ ¡Es que últimamente .... has dormido poco!
6. • ¿Dónde .... quedamos? ¿En el Café Central?
   ■ Vale, a las cinco.
7. • ¿Quieres poner .... la mesa, por favor?
   ■ Bueno, ya voy.
8. • Mamá, ... he encontrado un euro en la calle.
   ■ ¡Qué suerte tienes, hija!

17 19 - Lee esta historia y marca la opción correcta en cada caso. Luego escucha la anécdota y comprueba tus respuestas.

1. Cuando éramos pequeñas, mi hermana menor y yo **dormíamos / dormimos** en la misma habitación.
2. Una noche mi hermana me **pedía / pidió** un cuento para poder dormirse.
3. Le **gustaba / gustó** mucho escuchar historias y a mí me **encantaba / encantó** contarlas.
4. Así que **empezaba / empecé** a contar un cuento.
5. Después de algunas frases mi hermana se **dormía / durmió**, pero yo **seguía / seguí** con el cuento hasta el final.
6. Al día siguiente yo **estaba / estuve** muy cansada, pero mi hermana me **preguntaba / preguntó**: "¿Cómo terminó la historia?".
7. Mientras **íbamos / fuimos** a la escuela, **repetía / repetí** otra vez el cuento.
8. Ese día me **dormía / dormí** en la escuela, en clase de Música, en la cena... Pero por la noche mi hermana me **preguntaba / preguntó** otra vez: "¿Me cuentas un cuento?".

18 ¿Indefinido o imperfecto? Elige la opción correcta en cada caso.

1. Antes **iba / fue** mucho al cine, pero ahora veo las películas en internet.
2. **Vivía / Viví** medio año en Tokio, pero no aprendí casi nada de japonés.
3. Llegamos muy tarde al restaurante y nuestros amigos ya **estaban / estuvieron** comiendo el postre.
4. ¿Vosotros también **veíais / visteis** siempre en la tele los dibujos animados antes de ir a la cama?
5. Cuando Ana y Luis **compraban / compraron** la casa, Ana ya estaba embarazada.
6. Mi abuela tenía una casa en el campo, **era / fue** vieja y no tenía calefacción. Así que la vendió.
7. Mi hermana tenía mucha fantasía y siempre me **contaba / contó** historias que ella inventaba.
8. Antes, yo **estudiaba / estudié** español sola en casa, pero ahora voy a un curso.
9. Mi abuelo era de Jaén, pero vivía ya un año en Madrid cuando **conocía / conoció** allí a mi abuela.
10. Llovía mucho cuando salimos de la ópera anoche y por eso **tomábamos / tomamos** un taxi.

19 Completa las frases poniendo los verbos en indefinido o en imperfecto.

1. Cuando Ester era pequeña, ...
   - no .... (GUSTARLE) nada la verdura.
   - sus padres .... (COMPRARLE) un piano.
   - .... (JUGAR) en la calle con sus amigas.
2. Cuando tenía 14 años, ...
   - sus padres .... (MUDARSE) a otra ciudad.
   - .... (CAMBIAR) de colegio dos veces.
   - .... (IR) al cine todos los sábados.
3. Cuando iba a la universidad, ...
   - .... (ESTUDIAR) todos los fines de semana.
   - .... (LEVANTARSE) muy temprano.
   - .... (COMPRARSE) un coche de segunda mano.
4. Cuando tenía 35 años, ...
   - .... (VIVIR) en el extranjero.
   - .... (CASARSE) con su gran amor.
   - .... (NACER) su hija Elisa.

20 Lee estas frases y elige la opción correcta en cada caso.

QUEDAR, QUEDARSE

- ● ¿Vas a **quedar / quedarte** con Luis para ir al cine?
- ■ No, prefiero **quedar / quedarme** en casa.

PONER, PONERSE

- ● ¿**Has puesto / Te has puesto** ya el termómetro?
- ■ No, yo nunca **pongo / me pongo** enferma.
- ● Bueno, pero si lo haces, luego **ponlo / póntelo** en su sitio otra vez.

LLAMAR, LLAMARSE

- ● ¿**Has llamado / Te has llamado** ya al hermano de Ana para la fiesta sorpresa?
- ■ No, todavía no, porque no me acuerdo de cómo **llama / se llama**.

DORMIR, DORMIRSE

- ● ¿Cuántas horas **duermes / te duermes** cada noche?
- ■ Cuatro o cinco. No necesito más.
- ● Sí, claro. Ahora entiendo por qué **duermes / te duermes** en clase cada día.

ENCONTRAR, ENCONTRARSE

- ● ¿**Has encontrado / Te has encontrado** el regalo para Elena?
- ■ No, porque **he encontrado / me he encontrado** con Julián y nos hemos ido a comer juntos.

21 ¿Recuerdas que algunos verbos cambian de significado si llevan el pronombre reflexivo? Lee estas frases y marca la opción correcta.

1. • ¿Sabes? Ayer **encontré / me encontré** con Bruno en la universidad. Estaba **poniendo / poniéndose** un anuncio para buscar un compañero de piso.
   ▪ Pero ¿Mila y él ya no viven juntos?
   • Pues le pregunté por Mila y **puso / se puso** muy rojo. Me dijo que Mila vive ahora con sus padres.
   ▪ ¿Ah, sí?
2. • Ana, ¿**has llamado / te has llamado** a Roberto?
   ▪ No, pero **he encontrado / me he encontrado** con él. **Hemos quedado / Nos hemos quedado** para ir al cine juntos.
3. • Por fin **he encontrado / me he encontrado** un piso que me gusta, mira el anuncio. ¿Por qué no **pones / te pones** el abrigo y vamos a verlo?
   ▪ Pero ¿ahora?
   • Sí, no quiero **poner / ponerte** nerviosa, pero hay mucha gente interesada...
4. • Eva no viene. **Ha quedado / Se ha quedado** en casa porque le dolía un poco la cabeza y ha decidido **dormir / dormirse** la siesta.
   ▪ ¡Qué pena! ¿**Has quedado / Te has quedado** con alguien más?
   • No, vamos solo tú y yo.

22 Estas frases contienen errores. Cambia las palabras en negrita por las correctas de la derecha.

1. El gato es un animal cariñoso **y** individualista. ☐
2. Los años 70 **estuvieron** maravillosos. ☐
3. Cuando **era** 20 años, María hacía mucho deporte. ☐
4. El perro es el **mayor** amigo del hombre. ☐
5. ¡Qué bonita foto! Esta señora guapa es mi abuela cuando **estaba** joven. ☐
6. La oveja es un animal **mucho** útil. ☐
7. Cuando vi **–** Jaime, lo saludé. ☐
8. Pasamos un día en Heidelberg **por qué** es una ciudad muy bonita. ☐
9. ¿**Acuerdas** cuándo aprendiste a ir en bici? ☐

a. porque
b. era
c. e
d. a
e. fueron
f. tenía
g. mejor
h. muy
i. recuerdas

23 **a.** Lee otra vez el texto de la Semana Santa de Sevilla de las páginas 68 y 69 de la Edición para estudiantes y relaciona las palabras con su definición.

1. cofradía ☐
2. paso ☐
3. costaleros ☐
4. saeta ☐
5. nazareno ☐
6. capucha ☐

a. Canto improvisado que se canta espontáneamente a las imágenes de los pasos.
b. Prenda de ropa que cubre la cabeza y la cara de los nazarenos.
c. Asociación de católicos que organizan procesiones y cuidan los pasos todo el año.
d. Miembro de la cofradía que acompaña el paso, lleva una capucha y una capa larga.
e. Figura enorme que representa una escena de la pasión de Cristo.
f. Miembros de la cofradía que llevan el paso a hombros.

b. Decide si estas frases son verdaderas (V) o falsas (F).

1. ☐ La semana antes de Pascua, las cofradías organizan procesiones por las calles.
2. ☐ Existen unas 50 cofradías en Sevilla.
3. ☐ Un paso puede pesar más de cinco toneladas.
4. ☐ Durante las procesiones hay silencio absoluto.
5. ☐ Las saetas son una mezcla de flamenco y música árabe.
6. ☐ No se puede ver la cara de los nazarenos.
7. ☐ Algunos nazarenos no llevan zapatos.

MUNDO PROFESIONAL

24 **a.** Lee el currículum de Teresa y resume la información.

Datos personales
Teresa Romero Abad
14/06/1982
Avda. Virgen de Guadalupe, 24 / 10001 Cáceres
tromero@info.com

Estudios
1996–1999 Escuela Secundaria (Instituto de Secundaria Ágora, Cáceres)
2000–2003 Diplomada en Turismo (Universidad de Extremadura)

Experiencia profesional
2002 Prácticas de recepcionista en el Hotel Alfonso IX (Cáceres)
2004–2008 Asistente de dirección en el Parador Nacional de Cáceres
2009–actualidad Directora de la agencia de viajes RomeroAbad

Idiomas
Inglés, nivel avanzado (C1)
Alemán, nivel intermedio (B1)

Teresa Romero nació el 14 de junio de...

b. Lee otra vez el currículum y decide si estas frases son verdaderas (V) o falsas (F).

1. ☐ Teresa Romero Abad vive en Cáceres.
2. ☐ Empezó sus estudios universitarios en 2003.
3. ☐ Tiene más de 10 años de experiencia profesional.
4. ☐ Actualmente trabaja en una empresa de exportación.
5. ☐ Habla inglés bastante bien.
6. ☐ Es directora de un hotel.

PRONUNCIAR BIEN

25 **a.** La pronunciación de la r/rr. Lee el texto y comenta las dudas en clase.

¿Te has dado cuenta de que en español se pronuncia la **r** de diferentes formas?
A principio de palabra y cuando se escribe **rr**, la punta de la lengua vibra más fuerte, es decir, produce un sonido vibrante múltiple: ***r**atoncito*, *a**rr**iba*. Cuando la **r** está en el medio, entre vocales o a final de palabra, la punta de la lengua produce una vibración muy ligera: *ca**r**o*, *ayuda**r***. Ten en cuenta que la forma de pronunciar la **r** puede diferenciar significados de palabras: *ca**r**o* – *ca**rr**o*.
En algunas lenguas, la **r** a final de palabra se pierde o su pronunciación se suaviza mucho; si sucede en tu lengua, intenta pronunciar la **r** española a final de palabra con claridad.

b. 🔊 20 - Clasifica estas palabras según su pronunciación. Luego, escucha y comprueba.

perro | pero | abierto | borrar | aburrirse | responder | oreja | barriga | nariz | rodilla

ERRE SUAVE	ERRE FUERTE

c. 🔊 21 - Lee estas palabras y concéntrate en la pronunciación y en la entonación. Luego, escucha y comprueba.

vivía - vivir aprende - aprender esta - Ester salía - salir dibuja - dibujar

AUTOEVALUACIÓN

YA SÉ...	👍	✋	👎
... hablar de recuerdos: Cuando tenía 14 años ________.			
... nombrar algunos animales: el pulpo, ________			
... diferenciar la acción principal de las circunstancias de una narración: Como yo ________ mucha hambre, ________ al supermercado.			
... expresar emociones: Me puse contenta. ________.			
... estructurar una historia: Primero llegué a casa, ________ cené y ________ puse la tele.			
... contar cosas que sucedieron en el pasado: Yo ________ a trabajar aquí en 2015. ________.			
... formar diminutivos: la casa – ________, el ratón – ________, pequeño – ________			
... diferenciar el uso del imperfecto y del indefinido: El ratón ________ (TOMAR) el diente porque ________ (SER) parecido a la perla.			
... diferenciar el uso reflexivo del uso no reflexivo de un verbo: ________ (PONER / PONERSE) el plato en la mesa; ________ (PONER / PONERSE) unos zapatos; ________ (PONER / PONERSE) triste.			

6 ¡QUÉ AMABLE!

Comunicación
- Felicitar las fiestas y momentos especiales
- Reaccionar a la narración de un suceso
- Invitar, aceptar y rechazar invitaciones
- Empezar una conversación
- Dar un regalo y reaccionar
- Ofrecer algo y reaccionar
- Pedir permiso y reaccionar
- Hablar de normas y convenciones sociales
- **MUNDO PROFESIONAL** Una invitación y consejos en el trabajo

Léxico
- Celebraciones
- Fiestas

Gramática
- El uso de **ir / venir** y **llevar / traer**
- El superlativo absoluto (**-ísimo/a/os/as**)
- La apócope de algunos adjetivos: **grande**, **bueno/a**, **malo/a**
- El imperativo afirmativo
- **PRONUNCIAR BIEN** La acentuación de los verbos

Cultura
- Convenciones sociales
- **DE FIESTA** El Velorio de Cruz de Mayo

1 **a.** Lee estas invitaciones. ¿Son formales o informales? ¿Cuál es el motivo de cada una?

día del santo	boda	nacimiento	cumpleaños	examen	Año Nuevo	Navidad	mudanza

Hola a todos:
El sábado cumplo
40 años
y me gustaría celebrarlo con vosotros en El Rinconcito a partir de las nueve. Después podemos ir a bailar al Manila.
Os espero, *Manuel*

Querid@s amig@s:
¡Nos hemos mudado! La casa es preciosa, ¿no queréis venir a verla? Os esperamos el sábado a partir de las ocho.
Besitos, *Paula & Ricardo*

Tenemos el gusto de invitarles al enlace matrimonial de
Penélope & Ernesto
que se celebrará el próximo 5 de marzo a las 12.30 horas en la Iglesia de Santa Clara.
A continuación nos reuniremos todos para el cóctel y almuerzo, que se servirá en el Hotel Milán.
Se ruega confirmación.

b. ¿A qué invitación de **a** se refiere esta respuesta? ¿Se acepta o se rechaza? Escribe también una respuesta a otra de las invitaciones.

Mensaje nuevo

Hola:
Lo siento mucho, pero el sábado no puedo ir. Es que voy a pasar el fin de semana en Bilbao con mis padres. Bueno, pero quiero ver vuestra nueva casa. Ya quedamos otro día, ¿vale?
Muchos besos,
Isabel

2 ¿Qué dices en estas situaciones? Hay varias posibilidades.

1. Una compañera de trabajo cumple 55 años. ....
2. Llamas a alguien el 25 de diciembre. ....
3. Un amigo va a una fiesta. ....
4. Alguien te cuenta que se casó hace un mes. ....
5. Una amiga tiene un examen mañana. ....
6. Tus vecinos han tenido un bebé. ....
7. Te encuentras con una vecina el 1 de enero. ....
8. En una boda, todos beben por los novios. ....

3 El uso de los verbos de movimiento ir/venir y llevar/traer. Relaciona las frases con las imágenes.

- ☐ ... y **llevo** unas flores.
- ☐ ... y **trae** unas flores.
- ☐ Él **viene** a la fiesta...
- ☐ Yo **voy** a la fiesta...

4 Completa el diálogo de dos amigas con las formas adecuadas de ir, venir, llevar y traer.

- ● ¿Diga?
- ■ Hola, Luisa, soy Andrea. ¿Qué tal va todo por Barcelona?
- ● Pues muy bien, con nuevos proyectos, estoy muy contenta.
- ■ ¡Qué bien, qué ganas de que me cuentes todo! Justamente te llamo por eso. Quería saber si al final .... a la fiesta del próximo domingo.
- ● Sí, sí, claro que ....
- ■ ¡Genial! Entonces, una pregunta: ¿puedes .... unas botellas de vino de la bodega de tu familia? Ya sabes que a Javier le encanta.
- ● Por supuesto. Como .... en coche, eso no es problema. Puedo .... varias botellas. Y .... mis discos también, ¿vale?
- ■ ¡Sí, sí, genial! Entonces nos vemos pronto. ¡Buen viaje!
- ● Gracias. ¡Hasta el domingo!

5 Completa las tablas con las formas del imperativo.

VERBOS REGULARES				VERBOS CON CAMBIO DE VOCAL		
	-AR	-ER	-IR	CERRAR (E → IE)	PROBAR (O → UE)	PEDIR (E → I)
tú	....	....	abre	cierra	prueba	....
usted	pase	beba	....	cierre	....	pida
ustedes	pasen	....	abran	....	prueben	....

ALGUNOS VERBOS IRREGULARES									
	DAR	DECIR	HACER	IR	PONER	SALIR	SER	TENER	VENIR
tú	**da**	**di**	**haz**	**ve**	**pon**	**sal**	**sé**	**ten**	**ve**
usted	**dé**	diga	....	**vaya**	....	....	....	....	venga
ustedes	....	....	hagan	....	pongan	....	**sean**	....	vengan

6 Marca si en las frases se habla de tú o de usted y después escribe la otra variante.

	tú	usted	
1. Toma algo de beber.	☒	☐	Tome algo de beber.
2. Coma un poco más de tarta.	☐	☐	....
3. Deje aquí su chaqueta.	☐	☐	....
4. Pasa, pasa.	☐	☐	....
5. Ponga música.	☐	☐	....
6. Llama un taxi.	☐	☐	....
7. Siéntese en el sofá.	☐	☐	....
8. Dale el regalo a Juana.	☐	☐	....
9. Ponte un poco más de vino.	☐	☐	....

7 ¿Cómo reaccionas a estas preguntas de los/as invitados/as? Utiliza el imperativo.

1. ¿Podemos abrir esta botella de vino?
2. ¿Puedo poner la música que he traído?
3. ¿Puedo tomar otro trozo de pastel?
4. ¿Te importa si cerramos la ventana?
5. ¿Te importa si llamo un momento a una amiga?
6. ¿Puedo fumar en el balcón?
7. ¿Puedo probar las patatas bravas?
8. ¿Te importa si bajamos el volumen de la música?

1. Sí, claro. Abridla, abridla.

8 Ana va al cumpleaños de Julia. Completa los diálogos con el imperativo (forma tú).

1. • Ana, para llegar a casa .... (TOMAR) la primera calle a la derecha, ... (CRUZAR) la plaza y .... (SEGUIR) por la calle Toledo. Vivo en el número 15.

2. • Marta, ¿qué regalito le puedo llevar a Julia?
▪ .... (BUSCAR) un disco para su colección, le va a gustar. .... (MIRAR) esta web.

3. • ¿Qué piensas, llevo también algo para comer?
▪ ¡Qué buena idea! .... (PREPARAR) un postre, te salen muy bien. .... (HACER) una tarta de chocolate. O .... (PROBAR) la receta nueva de pastel de zanahoria.

4. • ¿Quedamos a las ocho en la plaza y vamos juntas en taxi?
▪ Sí, ... (PEDIR) tú el taxi y .... (ESPERARME) en la parada.

9 Busca los imperativos y luego clasifícalos.

VENPONGAABRECOMACIERRENVOLVEDHAGANVUELVAPRUEBENTRAIGANTOQUECERRADEMPIECEN

tú ....

vosotros/a ....

usted ....

ustedes ....

10 Lee estos diálogos y complétalos con las palabras y expresiones de las etiquetas.

a. esta es la señora Juárez,	**b.** ¿conoces a Marcelo?	**c.** Encantada.	**d.** presentarle
e. Encantado.	**f.** Igualmente.	**g.** te presento	

1.
- ● Édgar, ___
- ■ No, todavía no.
- ● Pues ven. Marcelo, ___ a Édgar.
- ■ ___
- ♦ Mucho gusto.

2.
- ● Señora Juárez, ¿conoce a mi madre?
- ■ Pues no, todavía no.
- ● Venga conmigo y se la presento... Mamá, ___ la vecina.
- ♦ Mucho gusto.
- ■ ___

3.
- ● Señor Iglesias, quiero ___ a un nuevo colega: Mateo Urquijo, el nuevo jefe de personal.
- ■ Hola, encantado.
- ♦ ___

11 **a.** ¿Qué se dice? Relaciona las situaciones con las frases de los bocadillos.

___ entregar un regalo ___ ofrecer algo ___ dar las gracias

___ presentar a alguien ___ pedir permiso ___ despedirse

1. TE HE TRAÍDO UNA COSITA.
2. ¿POR QUÉ NO PRUEBAS LA TORTILLA?
3. ¡QUÉ DETALLE!
4. PERO ¿POR QUÉ TE HAS MOLESTADO?
5. ¿CONOCES A PAULA, MI COMPAÑERA DE TRABAJO?
6. TOMA UN POQUITO MÁS, ESTÁ RIQUÍSIMO.
7. ¿TE IMPORTA SI ABRO LA VENTANA?
8. LO HE PASADO FENOMENAL.

b. Relaciona estas frases con la reacción adecuada.

1. Mira, esto es para ti. ___
2. Mira, esta es mi madre. ___
3. ¿Puedo usar tu móvil? ___
4. ¿Te apetece un poco más de ensalada? ___
5. ¿Te pongo un poco más de vino? ___
6. ¿Te importa si llamo a mi hijo? ___

a. Sí, claro, toma.
b. Gracias, está muy rica, pero no puedo más.
c. Sí, un poquito. Está muy bueno.
d. Muchas gracias. ¡Me encanta!
e. Llama, llama.
f. Mucho gusto, señora. ¿Cómo está usted?

12 Una receta de patatas bravas. Reescribe el texto con los verbos en imperativo.

PATATAS BRAVAS

UNA COMIDA TÍPICA

INGREDIENTES:
(para cuatro personas)

tres patatas
media lata de tomate
una guindilla
vinagre
aceite de oliva
sal

Pelar las patatas y cortarlas en trozos pequeños. Poner las patatas a freír en mucho aceite de oliva. Poner a freír también el tomate con un poco de aceite, añadir un poco de vinagre y la guindilla. Añadir la salsa por encima de las patatas. ¡A comer!

pelar

cortar

freír

13 Completa la tabla.

	BUENO/A	MALO/A	GRANDE
MASCULINO	un buen libro	un .... consejo	un .... actor
FEMENINO	una buena idea	una .... noticia	una .... comida

14 Completa con los adjetivos y superlativos correspondientes.

buena	buenísima	mucho	muchísimo
pocos	....	....	riquísimas
grandes	....	....	elegantísima
largas	....	....	simpatiquísimo
fácil	....	....	viejísimos

15 Completa las frases con los adjetivos adecuados en su forma correcta.

bueno	grande	malo	primero

1. • ¿Vamos a esta tienda? Hay rebajas y está todo a muy .... precio.
   ▪ No, ahí no quiero comprar. Tuve una .... experiencia con un vendedor muy antipático.
2. • La semana pasada nuestra jefa nos dio una .... sorpresa: invitó a todo el equipo a un restaurante muy ....
3. • ¡Qué .... tiempo hace! ¿Vamos a dar un paseo?
   ▪ ¡ .... idea!
4. • ¿Qué te pasa? ¿Has tenido un .... día?
   ▪ Sí. Hoy ha sido mi .... día de trabajo después de las vacaciones y ahora necesito una .... cena para relajarme.

16 Completa el diálogo con el superlativo adecuado de estos adjetivos.

difícil	cansado	poco	rico	amable	simpático	tarde

- Buenos días, Carmen. ¿Qué te pasa? Pareces cansada...
- ¿Cansada? ¡ .... ! Ayer fue la fiesta de mi prima y estuve en su casa hasta las tres de la madrugada.
- ¿Y qué tal lo pasaste?
- Fenomenal. Invitó a sus compañeros del trabajo, ¡todos .... ! Nos reímos mucho. Y la comida también estaba .... La preparó mi tía.
- ¿Y fue mucha gente?
- ¡Sí! Y mi prima, como siempre, ... con todo el mundo. Me parece .... atender a tanta gente. No sé cómo lo hace.
- Entonces, fue una noche estupenda...
- La verdad es que sí. Lo único es que se hizo .... y ahora tengo .... ganas de ir al trabajo.

Recuerda

Para mantener la pronunciación original, hay que hacer cambios ortográficos.
rico → *ri**qu**ísimo*
larga → *lar**gu**ísima*

Recuerda

La **o** final de los números ordinales *primero* y *tercero* desaparece delante de sustantivos masculinos en singular.
El primer autobús.

17 Lee estas frases y elige la opción correcta.

1. Hace **buen tiempo / tiempo bueno**, ¿vamos al parque?
2. Buscamos una **gran casa / casa grande**. Necesitamos unos 200 metros cuadrados.
3. ¿Ir de excursión? No es **mala idea / idea mala**.
4. Buenos Aires me encanta. Es realmente una **gran ciudad / ciudad grande**.
5. Nos hemos mudado a Madrid. Es que prefiero vivir en una **gran ciudad / ciudad grande**.
6. Mis amigos me regalaron una guitarra. Fue una **gran sorpresa / sorpresa grande**.
7. Parece que estás de **mal humor / humor malo**. ¿Qué te pasa?
8. Muchas gracias, eres un **buen amigo / amigo bueno**.

18 22 - Escucha esta llamada telefónica y marca las palabras correctas.

1. Hay una **fiesta / reunión de vecinos** en casa de Anabel.
2. Todos están **felicitando / esperando** a Santi.
3. Ha venido en **autobús / metro** y tiene un problema.
4. La parada más cercana se llama **Islas Filipinas / Moncloa**.
5. Tiene que tomar la **primera / segunda** calle a la derecha.
6. Después tiene que seguir hasta la **tercera / cuarta** calle.
7. Allí tiene que girar a la **derecha / izquierda**.
8. Anabel vive en el número **58 / 68** de la calle Andrés Mellado.

19 ¿Qué palabra o expresión no forma parte del grupo?

1. Año Nuevo | cumpleaños | Pascua | Navidad
2. fiesta | recepción | producción | celebración
3. ¡Enhorabuena! | ¡Que te mejores! | ¡Feliz santo! | ¡Felicidades!
4. ¡Feliz Navidad! | ¡Feliz Año Nuevo! | ¡Felices Pascuas! | ¡Feliz viaje!
5. ¡Bienvenido! | ¡Qué sorpresa! | ¡Mucho gusto! | ¡Encantado!
6. ¿De verdad? | ¿Tú crees? | ¡A tu salud! | ¡No me digas!

20 ¿Qué podemos celebrar, ofrecer, enviar o regalar? Relaciona las siguientes palabras con los verbos y añade una palabra más para cada verbo. Hay varias posibilidades.

el cumpleaños | tarjetas | flores | una fiesta | una carta | un buen vino | un aperitivo | una botella

un nacimiento | el aniversario de boda | una copa de champán | una caja de bombones | la jubilación

celebrar ______________________________

____

ofrecer ______________________________

____

enviar ______________________________

____

regalar ______________________________

____

21 ¿Qué recomiendas? Formula frases combinando elementos de las cuatro columnas.

Para ir a una fiesta oficial	es normal	dar	alguna explicación.
Para rechazar una invitación	es usual	preguntar	cuánto tiempo se quedan.
En una despedida de soltera	conviene	festejar	a tu novio.
En casa de un familiar	tienes que	llevar	solo con amigas.
Cuando hay invitados en casa	no puedes	ayudar	ropa elegante.
			en la cocina.

22 Relaciona las frases con las reacciones.

1. ¿Te apetece venir el domingo a mi casa? ☐
2. Te presento a Olga; nos conocimos en Machu Picchu. ☐
3. El sábado celebro mis treinta y, claro, estáis invitados. ☐
4. ¡Felicidades, abuelo! Mira, esto es para ti. ☐
5. Vamos a brindar por mi nuevo trabajo. ☐
6. Mira, Carlos, mi nieta Alba. Hoy cumple ya 5 añitos. ☐
7. Toma un poquito más. ☐
8. ¿Puedo usar este vaso? ☐

a. ¡A tu salud! Te felicito.
b. Vamos con mucho gusto. Esto hay que festejarlo.
c. Me encantaría ir, pero es el santo de mi madre.
d. Pues ¡muchas felicidades, chiquita!
e. ¡Muchas gracias! Pero si no hacía falta.
f. ¡No me digas! ¿En Perú? Pues ¡encantada de conocerte!
g. Muchas gracias, estoy lleno.
h. Toma este otro, ese está sucio.

23 ¿A qué se refieren estas expresiones? Clasifica las frases según las siguientes categorías.

- ☐ ¿Por qué no vienes el sábado a cenar a casa?
- ☐ Lo siento, pero es que ese día tengo una cita.
- ☐ No, muchas gracias, tengo que conducir.
- ☐ ¿Te apetece un poco más de tarta?
- ☐ Este es mi novio. Se llama Manuel.
- ☐ ¿Te importa si fumo en la terraza?
- ☐ ¿Otra cervecita o prefieres un vino?
- ☐ Toma. Esto es para ti.
- ☐ ¿Puedo abrir esta botella?
- ☐ ¿Ya conoces a Olga, mi compañera de piso?

1. entregar un regalo
2. pedir permiso
3. presentar a alguien
4. rechazar
5. invitar
6. ofrecer

24 Completa estos diálogos usando el imperativo.

1. • Oye, ¿me pongo el vestido nuevo?
   ■ Pues claro, ...
2. • Señora Alba, ¿podemos cerrar la puerta?
   ■ Por supuesto, Sofía, ...
3. • Ya son las 7. ¡ ...., Marta!
   ■ ¡Qué tarde! ¡Me levanto ahora mismo!
4. • Rosa, ¿puedo bajar el volumen de la música?
   ■ ...., a mí también me molesta.
5. • Luis, ¿puedo usar tu móvil un momento?
   ■ Sí, claro, ...
6. • Carlos, ¡ .... a comer!
   ■ Ya voy, mamá.
7. • Señor director, ¿podemos empezar?
   ■ Sí, ... sin mí. Enseguida voy.
8. • Pepa, ¿puedo probar las galletas?
   ■ Sí, sí, ...

25 Estas frases contienen errores. Cambia las palabras en negrita por las correctas de la columna derecha.

1. ¡Qué amable! Es el regalo que **mejor** me gusta. ☐
2. Esto me parece una **buen** idea. ☐
3. ¿Puedo **traer** a mi novio a tu casa el sábado? ☐
4. ¿Podéis venir a la cocina? – Sí, ya **venimos**. ☐
5. ¿Cuándo **tienes** cumpleaños? ☐
6. ¿Les llevamos un **bueno** vino? ☐
7. La fiesta **está** en casa de mi hermana. ☐
8. ¿Sabe si falta mucho **por** llegar a la estación? ☐

a. es tu
b. buena
c. buen
d. llevar
e. es
f. vamos
g. más
h. para

26 Lee de nuevo el texto de El Velorio de Cruz de Mayo de las páginas 82 y 83 de la Edición para estudiantes y decide si las frases son verdaderas (V) o falsas (F).

1. ☐ El Velorio de Cruz de Mayo se celebra solo en Venezuela.
2. ☐ En esta fiesta se unen tradiciones cristianas e indígenas.
3. ☐ La cruz fue una novedad absoluta para los pueblos indígenas.
4. ☐ Para celebrar el Velorio de Cruz de Mayo, la gente decora cruces en lugares públicos.
5. ☐ Se cantan solamente canciones religiosas.
6. ☐ La gente se reúne alrededor de los altares para comer y beber.
7. ☐ En esta fiesta se come mucho, pero no se bebe alcohol.
8. ☐ Al final, la gente termina la fiesta bailando y pasándolo bien.

MUNDO PROFESIONAL

27 Lee la invitación y marca en cada número la palabra correcta.

Mensaje nuevo

[1] clientes:
Tenemos el placer de [2] a la inauguración de nuestra nueva [3] en la c/ Balmes, 27. La celebración tendrá [4] el 16 de abril [5] las 20.30 horas. En este nuevo [6] hemos puesto toda nuestra energía e ilusión, y queremos compartirlo con nuestros clientes.
[7] cordiales,
Amparo Alonso, directora general
Se ruega [8].

1. ☐ Nuestros ☐ Estimados
2. ☐ invitarlos ☐ invitarnos
3. ☐ fiesta ☐ tienda
4. ☐ lugar ☐ sitio
5. ☐ a partir de ☐ después
6. ☐ oficina ☐ proyecto
7. ☐ Saludos ☐ Adiós
8. ☐ acción ☐ confirmación

28 Completa en imperativo estos consejos para tener éxito en tu primer día de trabajo.

anotar	concentrarse	llegar	llevar (2x)	ponerse	recordar	saludar

PARA TENER ÉXITO EN SU PRIMER DÍA DE TRABAJO, SIGA ESTOS CONSEJOS

1. .... ropa adecuada al contexto.
2. .... ropa de un color neutro, por ejemplo, negro, gris o marrón.
3. .... puntual, mejor unos diez minutos antes.
4. .... los documentos necesarios.
5. .... a su jefe/a y a sus nuevos/as compañeros/as.
6. .... que los/as compañeros/as pueden ayudarle en muchas cosas.
7. .... las informaciones importantes para no olvidar nada.
8. .... bien en sus tareas.

Si sigue usted estos consejos, seguro que su primer día de trabajo va a ser estupendo.

PRONUNCIAR BIEN

29 a. La acentuación de los verbos. Lee el texto y comenta las dudas en clase.

Algunas formas verbales se distinguen solo por su entonación o acentuación. Fíjate, por ejemplo, en el presente (**yo**) y en el indefinido (**él**, **ella**, **usted**) de los verbos en -**ar**: *yo compro* - *usted compró*. Ocurre lo mismo con el imperativo de **usted** y el indefinido de **yo**: *compre* (**usted**) - *yo compré*. Por eso es importante pronunciar y acentuar correctamente.

b. 23 - Escucha algunas frases. ¿En qué tiempo están los verbos?

	1.	2.	3.	4.	5.	6.
presente						
indefinido						
imperativo						

AUTOEVALUACIÓN

YA SÉ...	👍	✋	👎
... expresar buenos deseos y reaccionar: ¡Feliz .... ! –	☐	☐	☐
... invitar y reaccionar: ¿Te apetece .... ? –	☐	☐	☐
... pedir permiso y reaccionar: ¿Puedo .... ? – Sí, claro	☐	☐	☐
... dar un regalo y reaccionar: Toma, te he .... – ¿Por qué .... ?	☐	☐	☐
... ofrecer algo y reaccionar: ¿Te pongo .... ? – Gracias, pero	☐	☐	☐
... presentar a alguien y reaccionar: Le presento a .... – Mucho	☐	☐	☐
... diferenciar el uso de ir / venir y llevar / traer: .... a tu casa y te .... cedés. Mira, te he .... cedés.	☐	☐	☐
... formar y usar el imperativo: .... la puerta, por favor. .... este vino.	☐	☐	☐
... intensificar el significado del adjetivo usando -ísimo: La comida está buen .... He comido much	☐	☐	☐
... usar la apócope: Antonio es un .... amigo. ¡Eso es una .... sorpresa!	☐	☐	☐

7 VAMOS AL PARQUE

Comunicación
- Organizar una excursión
- Mantener una conversación telefónica
- Expresar alegría y tristeza
- Expresar prohibición y obligación
- **MUNDO PROFESIONAL** Conversaciones formales e informales

Léxico
- Animales
- Paisajes
- Parques y jardines

Gramática
- El imperativo negativo
- Los demostrativos
- Los pronombres posesivos tónicos
- **PRONUNCIAR BIEN** La combinación de las palabras

Cultura
- Parque Nacional Picos de Europa
- Parque Cabárceno
- **DE FIESTA** La noche de San Juan

1 ¿Qué palabra no forma parte del grupo?

1.	colibrí	flamenco	lince	papagayo
2.	bosque	lago	río	océano
3.	duna	arena	desierto	peligro
4.	flor	árbol	granja	planta
5.	gallina	vaca	oveja	marisma
6.	reptiles	pinos	pájaros	peces

2 ¿Qué animal es? Relaciona cada definición con uno de los animales.

1. Es un animal muy alto que vive en África.
2. Se dice que es el rey de los animales. Vive también en África.
3. Su pelo nos sirve para hacer ropa de lana.
4. Este reptil vive en el Amazonas y tiene unos dientes muy grandes.
5. Es un animal cariñoso e independiente.
6. Con su leche podemos hacer yogur o mantequilla.
7. Es un pájaro de muchos colores. Algunos saben repetir palabras.

a. papagayo
b. cocodrilo
c. vaca
d. oveja
e. león
f. jirafa
g. gato

3 Clasifica las palabras y escribe el artículo correspondiente. Añade una más a cada grupo.

selva	sol	bosque	vaca	desierto	bicicleta	pez	nubes	duna	gallina	barco	tigre	elefante
marisma	jirafa	todoterreno	león	niebla	cerdo	moto	viento	coche	montaña	nieve	valle	

1. paisajes
2. animales salvajes
3. animales de granja
4. tiempo
5. medios de transporte

4 a. **En una agencia de viajes. Completa este diálogo con las palabras siguientes.**

dura	excursión	incluida	plazas libres	recorrido	reserva	sale	vacaciones

- Hola, buenos días, ¿qué desea?
- Quiero hacer una ______ para la excursión al Parque Nacional de los Picos de Europa el cuatro de mayo.
- Vamos a ver... Lo siento, pero el cuatro de mayo no quedan ______ .
- ¡Qué pena!
- ¿La excursión tiene que ser ese día? La ofrecemos también el día seis.
- El día seis es nuestro último día de ______ , pero no importa. ¿A qué hora ______ el autobús?
- A las ocho y media. Sale de la Plaza de Guzmán y el viaje ______ más o menos hora y media.
- ¿El ______ por el parque es muy largo?
- No, unos seis kilómetros. Hay un buen camino al lado del río y el paisaje es fantástico.
- ¿Cuánto cuesta la ______ ?
- 35 euros por persona y la visita guiada está ______ .
- De acuerdo. Entonces quiero reservar para dos personas.

b. 24 - **Escucha esta llamada, marca la información correcta y corrige la incorrecta.**

1. ☐ En la excursión del día siete de septiembre quedan plazas libres.
2. ☐ La excursión del día cuatro se ha cancelado.
3. ☐ La agencia de viajes no les puede devolver el dinero.
4. ☐ Los señores Toscano van de excursión.

5 25 - **Lee estas respuestas. Después escucha ocho preguntas y pon el número en la respuesta adecuada.**

- ☐ Soy Felipe Herrera, de la agencia de viajes TodoTurismo.
- ☐ Por supuesto, pero reservar por teléfono también es posible.
- ☐ 230 euros, e incluye las dos comidas.
- ☐ Sí, tiene dos posibilidades: en español o inglés. ¿Cuál le interesa a usted?
- ☐ Del aparcamiento principal, directamente delante de la empresa.
- ☐ En este momento no está. ¿Quiere dejarle un recado?
- ☐ Para esos días no, lo siento, solo quedan para los días 7 y 8.
- ☐ Entre 5 y 6 horas si hace el camino al lago, o dos días si recorren también los bosques.

6 **Lee las respuestas del/de la empleado/a y formula posibles preguntas del/de la cliente/a.**

1. • ______
   ▪ Lo siento, para este domingo, cuatro de agosto, no.
2. • ______
   ▪ Un momento, a ver. Sí, para el próximo domingo todavía hay algunas plazas.
3. • ______
   ▪ A las 8:30. El autobús sale de la puerta del hotel.
4. • ______
   ▪ Aproximadamente dos horas.
5. • ______
   ▪ 35 euros por persona y la comida en el restaurante 15 euros.
6. • ______
   ▪ Perfecto. Entonces, dos plazas con comida el domingo 11 de agosto.

7 Reacciona a estos comentarios con alegría o tristeza. Hay varias posibilidades.

1. • ¿Sabes? Marta no puede venir a la fiesta porque está enferma.
   ▪ ....
2. • En julio Alfredo y yo vamos a hacer un crucero por el Mediterráneo.
   ▪ ....
3. • ¿Vas a la Costa Brava? Pues el paisaje es fascinante. Te va a encantar.
   ▪ ....
4. • Ayer nació nuestro primer nieto, el hijo de Roberta, nuestra hija mayor.
   ▪ ....
5. • Juan ha perdido el avión. No puede ir a tu fiesta de cumpleaños.
   ▪ ....
6. ▪ Queríamos ir al Parque de Doñana el sábado, pero no quedan plazas libres.
   ▪ ....

8 26-29 - Escucha estas llamadas telefónicas y marca la opción correcta.

1. ☐ Puede hablar con el señor Esteve.
   ☐ No es posible hablar con el señor Esteve.
2. ☐ La persona que llama deja un recado.
   ☐ La persona va a llamar otra vez.
3. ☐ Hay un error en el número de teléfono.
   ☐ Andrea no está en casa.
4. ☐ Antonio puede hablar con Sofía.
   ☐ Antonio deja un recado para Sofía.

9 Completa las tablas con las formas del imperativo afirmativo y negativo que faltan.

IMPERATIVO AFIRMATIVO

	PAGAR	BEBER	DORMIR	SALIR	PONER	LAVARSE
tú	paga	bebe	....	....	....	....
vosotros/as	....	....	....	....	poned	....
usted	....	....	duerma	....	....	....
ustedes	....	....	....	salgan	....	....

IMPERATIVO NEGATIVO

	SALIR	PONER	LAVARSE	SER	TENER	VENIR
tú	....	....	....	....	....	....
usted	....	....	....	....	....	....

10 Consejos para ahorrar agua. Completa este anuncio usando el imperativo.

- Si te bañas, no llenes (LLENAR) toda la bañera, solo la mitad.
- No .... (DUCHARSE) más de diez minutos.
- .... (ABRIR) el grifo solo el tiempo necesario.
- Mientras te lavas los dientes, no .... (DEJAR) el grifo abierto.
- .... (LAVAR) la fruta en un plato, no debajo del grifo.
- No .... (PONER) la lavadora si no está llena.
- .... (UTILIZAR) agua de lluvia para las plantas del jardín.
- Para lavar el coche no .... (USAR) más de diez litros de agua.
- .... (VOLVER) a usar el agua de tu piscina el año siguiente.

11 Combina los elementos de estas columnas para dar consejos. Pon los verbos en imperativo afirmativo o negativo de tú. A veces hay varias posibilidades.

		agua	si hay suficiente luz.
	ahorrar	la bicicleta	solo si está llena.
	compartir	la basura	en plástico, papel y vidrio.
	encender	las lámparas	en la cocina y en el baño.
(No)	poner	la calefacción	si vas al mismo lugar que otras personas.
	seguir	la lavadora	o el transporte público.
	separar	el aire acondicionado	a una temperatura de menos de 21 grados.
	tomar	las instrucciones	solo si hace frío en casa.
	usar	el coche	de los aparatos eléctricos.

12 **a.** El Parque Cabárceno es uno de los mayores atractivos turísticos del norte de España. Lee el anuncio y completa el texto los verbos en del imperativo (forma usted).

PARQUE DE LA NATURALEZA

CABÁRCENO *Cantabria*

venga (VENIR) a conocer nuestro parque y .... (DISFRUTAR) del gran espectáculo de la naturaleza. No .... (PERDERSE) las más de 150 especies de animales que viven aquí, en 750 hectáreas y en el ambiente más natural posible. .... (PASAR) un día inolvidable en familia y .... (DESCUBRIR) nuestro parque infantil, los miradores y las zonas de recreo. No .... (OLVIDAR) que en ningún otro parque puede ver más animales en semilibertad. .... (DESCANSAR) en nuestros restaurantes y cafeterías. .... (PREGUNTAR) por nuestros precios para grupos. ¡Vale la pena!

HORARIO
De 9:30 a 19:00 (cierre de taquillas a las 18:00)

DEMOSTRACIONES
Vuelo de aves rapaces: 12:00, 15:30 y 17:30
Leones marinos: 13:00, 16:00 y 18:00

TELECABINA
Recorrido de 6 km en telecabina para disfrutar de una vista panorámica (50 minutos)

ENTRADAS EN TEMPORADA ALTA
Adultos: 30 €
Niños (4–12 años): 17 €

b. Marca las frases correctas y corrige las incorrectas.

1. ☐ Se pueden comprar entradas hasta las 19 h.
2. ☐ Los niños a partir de cuatro años pagan la mitad del precio de los adultos.
3. ☐ Hay tarifas especiales para grupos.
4. ☐ En el parque viven unos 150 animales de diferentes especies.
5. ☐ Los animales no están encerrados como en un zoológico.
6. ☐ Tres veces al día hay un espectáculo con pájaros.
7. ☐ Existe la posibilidad de ver el parque desde arriba.

13 Compara la descripción del lugar de vacaciones con la imagen y corrige la información de la postal.

Querido Daniel:
Saludos desde Dalacós, un pueblo maravilloso de la costa mediterránea, donde estoy pasando mis vacaciones. El paisaje que se ve desde mi ventana es fantástico. Hay solo un hotel pequeño, el mío, en primera línea de playa, y al lado hay un bosque de pinos. Todo es muy tranquilo aquí porque hay muy pocos turistas. Es estupendo descansar y escuchar solo el mar y los pájaros, lejos de la gente y del estrés. Tengo mucha suerte, porque es un lugar que la gente no conoce. El año próximo vuelvo seguro.
Valentina

14 ¿De quién es? Completa los minidiálogos con los posesivos adecuados.

1. • No encuentro mi móvil.
   ▪ Pues si tienes que llamar, usa el ....
2. • Señora Suárez, ¿cómo está su madre?
   ▪ Muy bien, ¿y la .... ?
3. • Me encanta tu abrigo nuevo.
   ▪ El .... también es muy bonito.
4. • ¿Fue Maribel a la fiesta?
   ▪ Sí, con un amigo .... guapísimo.
5. • ¿Qué tal vuestras vacaciones?
   ▪ Muy cortas, como siempre. ¿Y las .... ?
6. • Un amigo me ha invitado a su casa a cenar.
   ▪ ¿Y ese amigo .... sabe cocinar?
7. • Nuestros hijos hablan muy bien inglés.
   ▪ Pues los .... hablan inglés y francés.
8. • ¿Sabes que Pablo se ha mudado a Bilbao?
   ▪ Uff, tiene todavía muchos libros ....

15 Lee estas frases y tacha la forma incorrecta de los posesivos.

1. • Señores Sánchez, ¿me dejan **sus / suyos** pasaportes?
   ▪ Aquí tiene el **mi / mío**. Mi mujer no tiene el **su / suyo**. ¿Hay algún problema?
2. • Julián, ¿es **tu / tuya** esta chaqueta?
   ▪ No, **mía / la mía** es negra.
3. • Adrián, ¡qué bonito es **tu / el tuyo** piso! Tiene mucha luz.
   ▪ Sí, pero es un poco pequeño, ¿no? **Tuyo / El tuyo** es mucho más grande.
4. • ¿Has visto a Virginia? Creo que este es **su / suyo** libro de francés.
   ▪ No, no es **su / suyo**, es **de mí / mío**.

16 Elige los demostrativos y adverbios de lugar según la distancia con los objetos.

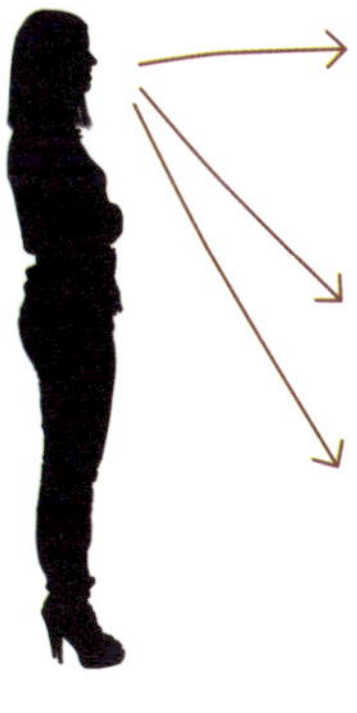

este .... pájaro de aquí
.... fuente de aquí

.... flor de ahí
.... bancos de ahí

.... planta de allí
.... caminos de allí

aquel .... paisaje de ....
.... dunas de allí

.... estatuas de ....
.... quiosco de ....

.... animales de ....
.... personas de ....

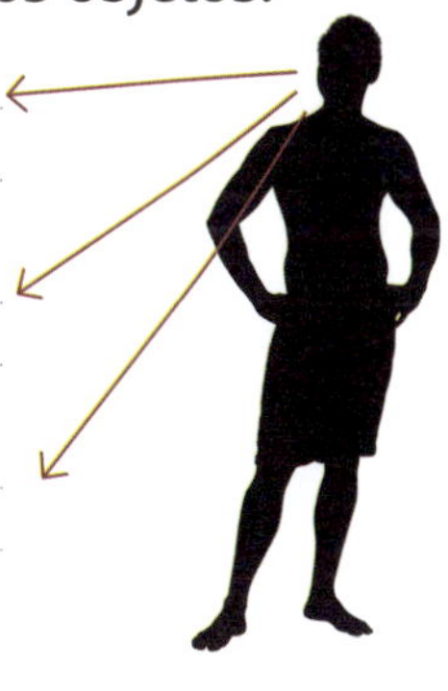

17 ¿Cuándo se usan estas frases por teléfono? Relaciona.

1. Dígame.
2. ¿Puedo hablar con...?
3. ¿De parte de quién?
4. En este momento no está.
5. ¿Quiere dejar un recado?
6. Ahora mismo le paso.
7. Lo siento, se ha equivocado de número.

a. Hay un error en el número de teléfono.
b. Así se pregunta por el nombre de la persona que llama.
c. Así se contesta una llamada telefónica.
d. La persona que llama pregunta por alguien.
e. Enseguida va a poder hablar con la persona deseada.
f. No es posible hablar con esa persona.
g. La persona ofrece dar un mensaje.

18 Completa las frases con la preposición y el artículo que faltan. Luego observa el dibujo del parque y marca si la información es verdadera (V) o falsa (F). Escribe tres frases verdaderas más.

1. ☐ Hoy hay muy poca gente .... parque.
2. ☐ Un señor está leyendo el periódico .... banco.
3. ☐ Un grupo de jóvenes está haciendo yoga al lado .... fuente.
4. ☐ Dos niños pequeños están jugando .... pelota azul.
5. ☐ Un chico moreno está leyendo .... césped.
6. ☐ Una mujer está corriendo .... parque.

19 Completa estas expresiones con las vocales. ¿Cuáles son emociones positivas y cuáles negativas?

1. ¡C__NT_ M_ _L_GR_!
2. ¡Q__ L_ST_M_!
3. F__ _N _X_T_
4. ¡Q__ M_L_ S__RT_!
5. F__ _M_C__N_NT_
6. ¡Q__ P_N_!
7. ¡_ST_P_ND_!
8. M_ D_C_PC__N_
9. M_ _NC_NT_
10. F__ _N FR_C_S_

20 **Consejos para proteger el medio ambiente. Formula estos consejos usando el imperativo afirmativo o negativo (forma usted).**

1. Utilizar bombillas de bajo consumo.
2. Hacer mejor uso de la luz natural.
3. Encender todos los electrodomésticos al mismo tiempo.
4. Tener la calefacción encendida en toda la casa.
5. Separar y reciclar la basura en casa.
6. Ducharse en lugar de bañarse para ahorrar agua.
7. Usar bolsas de plástico en la compra.
8. Abrir las ventanas cuando la calefacción está encendida.
9. Utilizar los medios de transporte públicos.

21 **Normas y recomendaciones en el parque. Completa usando el imperativo (forma ustedes).**

cortar	dar	entrar	hacer (2x)	separarse	tirar	tocar

1. No ________ ruido, respeten a los animales.
2. No ________ basuras ni restos.
3. No ________ de comer a los animales.
4. No ________ fuego en las zonas de descanso.
5. No ________ del grupo y de su guía.
6. No ________ a los animales.
7. No ________ flores.
8. No ________ en las zonas exclusivas de los animales.

22 **Carina y Gloria se encuentran después de las vacaciones. Completa el diálogo con los posesivos adecuados.**

- Nuestras vacaciones en Asturias han sido maravillosas. ¿Y ________ ?
- ________ vacaciones también han sido estupendas. Si quieres, yo te enseño mis fotos y tú me enseñas ________ , ¿qué te parece?
- Me parece fenomenal.
- Mira, esta es ________ playa en Ribadesella. Muy bonita, ¿verdad?
- Sí, pero ________ en Vega era mucho más familiar. ¿Y este es el bar en el que comíais? Nosotros también comíamos en un bar que estaba al lado de la playa, pero a ________ hijos no les gustaba nada.
- Pues a ________ les encantaba porque estaba al lado de la playa. Disfrutaron mucho del mar. Se pasaban el día jugando con ________ amigos y amigas de allí.
- ¡Qué bien! Nosotros también lo hemos pasado muy bien. El año que viene repetimos.

23 En un albergue juvenil. Reformula las reglas del albergue usando el imperativo (forma tú) en lugar de las expresiones subrayadas.

Los albergues juveniles son un lugar de encuentro para gente de diferentes edades y culturas. A veces hay diferencias entre sus hábitos. Cada albergue tiene sus propias reglas. Todos los visitantes quieren disfrutar, por eso **es necesario respetar** determinadas reglas básicas:

RESERVA
Para asegurar una plaza, **tienes que reservar** con tiempo en nuestra página web.
Si no tienes una reserva, **puedes preguntar** si hay plazas libres por teléfono o personalmente en el albergue.

ESTANCIA
Tienes que cuidar las instalaciones del albergue.
Los albergues ayudan a proteger el medio ambiente. **Debes separar** la basura y **reducir** el consumo de agua y energía.
Está prohibido comer en los dormitorios. **Hay que usar** el comedor y la cocina.
No se permite fumar en el albergue.
Está prohibido consumir alcohol dentro del albergue.
El albergue cierra a las 22:00 horas. **No se puede llegar** más tarde.
Está prohibido hacer ruido de 23:00 a 7:00 horas.
No hay que dejar la habitación desordenada.

DÍA DE SALIDA
Hay que dejar la habitación antes de las 10:00 horas.

Respeta estas reglas básicas.

24 a. Vuelve a leer el texto sobre la noche de San Juan en las páginas 96 y 97 de la Edición para estudiantes. ¿Cuáles de estos titulares no corresponden al texto?

- ☐ La magia del fuego aleja a los malos espíritus.
- ☐ Los demonios y las brujas dan la bienvenida al verano.
- ☐ Hay cantos y bailes alrededor del fuego.
- ☐ Es una noche de ritos, tradiciones y supersticiones para despedirse del verano.
- ☐ El olor a hierbas se respira en toda la ciudad.
- ☐ Es una noche mágica alrededor de las hogueras.

b. Relaciona cada palabra con su significado.

1. leyenda	☐	**a.** Palabra gallega que significa bruja.
2. banda	☐	**b.** Fuego hecho al aire libre.
3. gaita	☐	**c.** Creencia que no se puede explicar con la lógica.
4. meiga	☐	**d.** Grupo de músicos.
5. superstición	☐	**e.** Instrumento tradicional de Galicia y Escocia.
6. hoguera	☐	**f.** Historia con más hechos maravillosos que históricos y reales.

MUNDO PROFESIONAL

25 30-32 - **¿Estas llamadas de teléfono son formales o informales? Léelas y completa con las frases 1–5. Luego escucha y comprueba.**

1.
- ● Caja Mediterráneo. ¿En qué puedo ayudarle?
- ■ Hola, buenos días. ___
- ● Un momento... El señor Marco está hablando ahora mismo por la otra línea. ___
- ■ Sí, dígale que ha llamado la señora Paredes. Se trata de la tarjeta de crédito.
- ● Muy bien. Le dejo una nota.
- ■ Gracias.
- ● De nada.
- ■ Adiós.

2.
- ● ___
- ■ Hola, ¿está Alejandra?
- ● ___
- ■ Soy Samuel.
- ● Un momento, Samuel. ¡Alejandra, Alejandra, teléfono! Es Samuel.

3.
- ● ¿Sí?
- ■ Buenas tardes. ¿Puedo hablar con la señora Martín?
- ● ¿Martín? ___
- ■ Perdone. Adiós.

1. ¿Dígame?
2. ¿Puedo hablar con el señor Marco?
3. ¿De parte de quién?
4. ¿Quiere dejar un recado?
5. Lo siento, se ha equivocado de número.

PRONUNCIAR BIEN

26 a. La combinación de las palabras. Lee el texto y comenta las dudas en clase.

Seguramente te has dado cuenta de que al hablar, en español hay una unión de palabras que dificulta la comprensión auditiva. Un hablante no nativo tiene que separar las palabras mentalmente para reconocerlas. Esto ocurre tanto con palabras que empiezan y terminan con la misma vocal (por ejemplo, *conocía‿a‿Ana*) como con palabras que empiezan y terminan con la misma consonante (*el‿león, comprar‿rosas*). Es especialmente difícil reconocer dónde termina y empieza una palabra, y por lo tanto identificarla, cuando la última consonante de una palabra forma una sola sílaba con la primera vocal de la siguiente palabra: *la‿so‿ve‿jas*. En estos casos tenemos que ayudarnos de nuestra experiencia y de nuestro conocimiento de la lengua para separar bien las palabras *las ovejas* y no buscar en vano la palabra *sovejas* en el diccionario.

b. 33 - **Escribe estas frases. Después, escucha y comprueba.**

1. No-be-ba-sa-gua-frí-a.
2. Da-mel-te-lé-fo-no.
3. ¿Qué-ses-to?
4. Es-te-su-na-mi-go-mí-o.
5. ¿Dón-des-tá-sa-ho-ra?
6. Voy-co-nu-na-mi-ga.
7. No-va-ya-se-nau-to-bús.
8. ¿Co-no-ce-sa-mi-sa-bue-los?
9. No-sen-can-ta-tra-ba-ja-re-nel-jar-dín.

AUTOEVALUACIÓN

YA SÉ...			
... nombrar animales y paisajes: el flamenco, ... ; el lago, ...			
... organizar una excursión: Quiero .... una reserva. ¿Quedan .... ?			
... expresar alegría y tristeza: ¡Cuánto .... ! ¡Qué .... !			
... mantener una conversación telefónica: ¿Puedo .... ? – Lo siento, pero			
... expresar obligación y prohibición: Está .... fumar.			
... describir comportamientos respetuosos con el medio ambiente:			
... formar y usar el imperativo negativo: ¡No .... bolsas de plástico!			
... usar los pronombres posesivos tónicos: Mi bicicleta es roja, ¿y la .... ? La mía			
... usar los artículos y pronombres demostrativos: .... coche es de mi padre y .... de ahí es el mío.			

8 MIRADOR

Unidad de repaso

1 a. Lee este correo electrónico y marca en cada número la palabra correcta.

Mensaje nuevo

Hola, Lucía:

¿Cómo estás? Ya sabes que el sábado Manuel [1] cumpleaños, ¿no? María y yo hemos pensado que podemos [2] un regalo los tres juntos. Le queremos [3] unas gafas de sol. ¿Te parece un [4] regalo? Es que él ha perdido las [5] hace poco y todavía [6] ha encontrado. ¿O tienes tú [7] idea mejor? María [8] las quiere comprar esta tarde, así que [9] y dile si quieres participar también o ir con ella. No [10] preguntar en la tienda si se pueden cambiar las gafas si no le gustan a Manuel.

Un abrazo y ¡hasta el sábado!

Gabriel

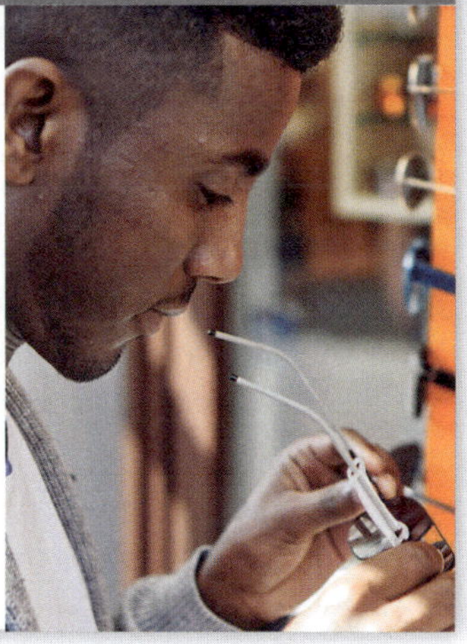

1. ☐ tiene ☐ en su ☐ celebra su
2. ☐ le comprar ☐ nos comprar ☐ comprarle
3. ☐ prestar ☐ regalar ☐ devolver
4. ☐ bueno ☐ buen ☐ grande
5. ☐ sus ☐ suyas ☐ suyos
6. ☐ las ☐ ya no ☐ no las
7. ☐ algún ☐ alguna ☐ ninguna
8. ☐ te ☐ le ☐ se
9. ☐ llámala ☐ llames ☐ llame
10. ☐ olvidéis ☐ olvidad ☐ olvidáis

b. Lee el diálogo y completa las frases con cuatro de las expresiones de las etiquetas.

cuánto es	qué suerte	me devuelven	Lo tienen en	Cuánto cuesta	Qué pena

En una tienda de moda:

- • Buenas tardes. ¿Puedo ayudarla?
- ■ ¿.................... ese jersey gris?
- • Está rebajado. Cuesta 75 euros.
- ■ ¿.................... la talla 38?
- • En gris no, solo lo tenemos en azul.
- ■ ¡....................! El azul no me gusta...
- • Tenemos también las camisas en oferta.
- ■ Esa de ahí me gusta para mi hija, pero si no le queda bien, ¿.................... el dinero?
- • Por supuesto. Tiene una semana para cambiar o devolver sus compras.

2 34-38 - **Lee las siguientes frases. Luego escucha cinco textos cortos y decide si las frases son verdaderas (V) o falsas (F). Escucha los textos una segunda vez.**

Cinco personas hablan sobre el medio ambiente.

1. José Rodríguez, director de hotel.
   ☐ Dice que no es posible ahorrar agua en el hotel porque lavan las toallas todos los días.
2. Adelina Menéndez, estudiante.
   ☐ Va a la universidad en coche con un compañero.
3. Hugo Atienza, jubilado.
   ☐ La mayoría de los jóvenes españoles dice que separa la basura.
4. Luis Benítez, enfermero.
   ☐ En su casa se puede encender la calefacción central siempre.
5. Corina Penedés, ama de casa.
   ☐ En su casa se pone la lavadora una vez por semana.

3 **Lee el siguiente texto y decide si las frases son verdaderas (V) o falsas (F).**

a. ☐ El autobús sale a las ocho y media.
b. ☐ En la visita guiada no participan otras personas.
c. ☐ Conviene llevar ropa para la lluvia.

INFORMACIÓN PARA LOS PARTICIPANTES DE LA EXCURSIÓN

Queridos/as estudiantes:

Como ya sabéis, hemos tenido que hacer algunos cambios en los planes de la excursión del sábado. El autobús va a salir media hora antes, a las ocho. Tenéis que estar a esa hora en la Plaza de España. Por favor, no lleguéis tarde porque queremos llegar puntuales, a las nueve y media, al museo. Allí vamos a tener una visita guiada solo para nuestro grupo. La visita dura hora y media y después tenéis tiempo libre para pasear por el parque. Han dicho que va a llover, por eso, no olvidéis llevar ropa adecuada.

Hasta el sábado,

Roberto

4 **Expresión escrita. Un/a amigo/a español/a y tú vais a hacer un intercambio de casa durante las vacaciones. Escríbele un correo y menciona tres de estos puntos.**

- Confírmale que puede quedarse en tu casa esos días.
- Explícale dónde puede recoger la llave.
- Dale algunas instrucciones para estar cómodo/a en tu casa.
- Explícale qué lugares puede visitar.
- Cuenta con detalle cómo es uno de esos lugares (por ejemplo, un parque) y explica por qué te gusta.
- Dile cómo va a ser el tiempo y qué ropa conviene traer.

9 PROYECTOS CON FUTURO

Comunicación
- Hablar del carácter y de las habilidades
- Hablar del compromiso social
- Hablar del futuro
- Expresar emociones y experiencias
- **MUNDO PROFESIONAL** Recursos Humanos y candidatos/as

Léxico
- Iniciativas sociales
- Cualidades personales
- La música y los instrumentos musicales
- Emociones

Gramática
- El uso de **ser** y **estar**
- La comparación: verbo + **tanto** y **tanto/a/os/as** + nombre
- El futuro regular e irregular
- Los usos del futuro
- Expresar hipótesis
- Expresar necesidad
- **PRONUNCIAR BIEN** Las pausas en las frases

Cultura
- **DE FIESTA** La Verbena de la Paloma

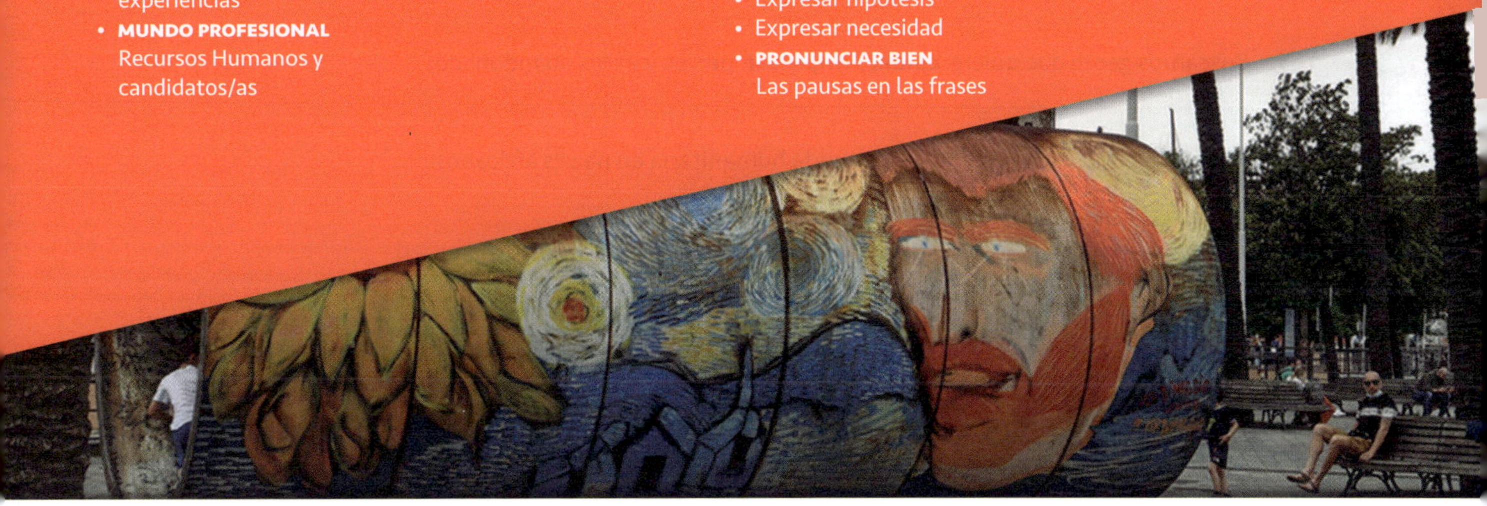

1 ¿Qué palabra no corresponde a cada grupo? ¿Puedes sustituirla por una que sí?

1.	piano	guitarra	ordenador	saxofón	
2.	dirigir	bailar	escuchar	gastar	
3.	melancolía	tristeza	orden	entusiasmo	
4.	concierto	rumba	salsa	chachachá	
5.	pianista	guitarrista	optimista	violinista	
6.	coro	cantante	banda	grupo	

2 Completa con los verbos, nombres y adjetivos correspondientes.

NOMBRE	VERBO	NOMBRE	VERBO
la fundación	fundar	la asociación	asociar
la organización			reciclar
el desarrollo			colaborar
la ayuda			integrar
la motivación			vender
NOMBRE	**ADJETIVO**	**NOMBRE**	**ADJETIVO**
creatividad	creativo/a		disciplinado/a
responsabilidad			motivado/a
sensibilidad			paciente
flexibilidad			entusiasmado/a
tolerancia			empático/a

3 Comentarios de voluntarios/as. Tacha las palabras incorrectas. Luego, formula frases con ellas.

1. Con la venta de ropa reciclada **apoyamos / contaminamos** la economía solidaria.
   Usando los medios de transporte público contaminamos menos que con el transporte privado.
2. Me encanta el *plogging**, es una iniciativa original para la **donación / protección** del medio ambiente.
3. Muchos jóvenes hacen un **trabajo voluntario / comercio justo** en proyectos de **sociedad / solidaridad**.
4. Las organizaciones que **luchan / contaminan** por los derechos humanos necesitan nuestra ayuda.
5. Buscamos gente que quiere **cuidar / impulsar** perros y gatos abandonados.
6. Nos **dedicamos / protegemos** a la ayuda humanitaria en países africanos.
7. Nuestro principal objetivo es **luchar / colaborar** contra el cambio climático.
8. Compro tarjetas de Navidad de Unicef y así apoyo su trabajo para **defender / contaminar** los derechos de los niños.

* Es una iniciativa que nació en Suecia y que consiste en aprovechar el deporte al aire libre para recoger residuos.

4 Completa estas frases con los verbos de las etiquetas en su forma adecuada.

ser necesario | colaborar | proteger | impulsar | luchar

1. Unicef es una organización mundial que .... los derechos de los/as niños/as.
2. Con la venta de ropa de segunda mano, Koopera .... la economía solidaria.
3. Para defender los derechos de los animales .... cambiar nuestros hábitos de comida.
4. Con el comercio justo podemos .... contra la pobreza en los países productores.
5. Muchos/as jóvenes .... en organizaciones que se dedican a la ayuda humanitaria.

5 Algunos/as voluntarios/as hablan de cómo se sienten colaborando con una ONG. Elige la opción adecuada.

1. Colaborar como voluntario en Greenpeace me **impulsa / aporta** mucho.
2. La iniciativa de vender ropa reciclada me **encanta / cuesta**.
3. Ver que nuestro trabajo ayuda a los demás me hace mucha **ilusión / alegría**.
4. La pobreza de mucha gente en este barrio me **pone / hace** triste.
5. Los discursos de algunos/as políticos/as arrogantes me dan **rabia / alegría**.
6. Ver tantos animales abandonados me **decepciona / hace ilusión**.

6 ¿Con qué palabras o expresiones se pueden combinar estos verbos?

pena | ilusión | igual | alegre | pensar en los demás | triste | lo mismo | contento/a

nervioso/a | ganas de participar | orgulloso/a | mucha alegría | una buena impresión | rabia

ME HACE	ME DA	ME PONE

7 Completa las frases con las expresiones de las etiquetas. Luego decide quién dice cada frase: Eva (E) o Diego (D).

me aporta (2x) | me siento | he aprendido a ser | me da ganas

me hace pensar | me recuerda | me recuerda a | me pone

Eva, profesora que ayuda a chicos/as migrantes con sus deberes

Diego, bailarín que da clases de tango

1. ☐ Me encanta el tango, siempre ____________ de bailar.
2. ☐ Dar clases de baile es algo increíble para mí. ____________ mucho.
3. ☐ Cuando veo que han mejorado sus notas en la escuela, ____________ muy orgullosa.
4. ☐ Para mí es muy importante. ____________ mucho ayudar a mis estudiantes y me siento útil.
5. ☐ El tango ____________ melancólico. ____________ mi infancia y a las fiestas en casa.
6. ☐ Ayudarlos en sus tareas ____________ que aprender no siempre es fácil.
7. ☐ Antes era muy estricta. Hoy ____________ más paciente y comprensiva con los estudiantes.
8. ☐ Ver el entusiasmo que tienen para bailar mis estudiantes ____________ en los primeros años de mi aprendizaje.

8 Una voluntaria de Mundo Solidario. Lee el texto y completa con las palabras de las etiquetas.

ONG | convencida | colaboro | comercio justo | luchar | aporta | voluntarios | apoyo | pobreza

“Soy profesora de inglés y ____________ como voluntaria de Mundo Solidario desde el año 2013. Trabajo sobre todo en la tienda de ____________, pero como faltan más ____________, intento ir a otras actividades donde se necesita ____________. Entré en Mundo Solidario porque quería colaborar en alguna ____________ y me siento muy feliz, me gusta mucho mi trabajo aquí. Estoy ____________ de que cambiar el mundo es posible si nos unimos y nos organizamos, pero todos tenemos que ____________ contra la ____________. Ser voluntaria en esta ONG me ____________ experiencia en muchos campos de la vida y además tengo la oportunidad de conocer gente que tiene valores similares a los míos.”

Trinidad Salgado, voluntaria de Mundo Solidario en Valladolid

9 Lee las frases y completa con tan, tanto/a… como, más / menos… que.

1. Granada no tiene ________ habitantes ________ Barcelona.
2. Los Alpes no son ________ altos ________ los Andes.
3. El río Amazonas es ________ largo ________ el Guadalquivir.
4. La producción de arroz en Europa es ________ importante ________ en Asia.
5. En España no hay ________ variedad de pan negro ________ en Bélgica.
6. Hace 10 años la gente no compraba ________ por internet ________ hoy.
7. El francés no se habla en ________ países ________ el español.
8. En Portugal se cena ________ pronto ________ en España.

10 Reformula estas frases usando (no) tan, tanto/a… como.

1. Los voluntarios de Unicef y los de Greenpeace trabajan mucho. Todos trabajan 40 horas al mes.
   Los voluntarios de Unicef trabajan tanto como los de Greenpeace.
2. Greenpeace es más conocida que Intermón Oxfam.
   Intermón Oxfam no es tan conocida como Greenpeace.
3. En Koopera los precios son más bajos que en otras tiendas.
   ____
4. En Koopera hay menos tallas para elegir que en otras tiendas.
   ____
5. La gente compra más en tiendas de segunda mano que en tiendas solidarias.
   ____
6. Defender los derechos humanos me parece más importante que apoyar el comercio justo.
   ____
7. En mi proyecto de Mundo Solidario trabajo mucho. Más que mi hermana en su proyecto.
   ____
8. El problema del cambio climático es muy importante. También el de la desigualdad.
   ____

11 Completa los comentarios de Aurora con ser y estar. Luego completa los datos.

“ Soy Aurora Úbeda Rivera, ________ casada y tengo 58 años. ________ de La Trinidad, ________ profesora y trabajo en la biblioteca Rubén Darío de mi ciudad. El edificio ________ pequeño y ________ un poco lejos del centro, pero gracias a la ayuda de la Asociación de Hermanamiento La Trinidad-Moers, la biblioteca ________ muy bien equipada. ________ muy contenta con mi trabajo porque ________ todo el día entre libros y puedo ayudar a las personas que buscan información. Mi ilusión ________ seguir haciendo cursos de formación para mejorar el servicio de la biblioteca. ”

Nombre: ________
Edad: ________
Estado civil: ________
Lugar de residencia: ________
Profesión: ________
Lugar de trabajo: ________
Satisfacción con el trabajo: ________
Planes: ________

12 **Combina los elementos de las columnas para formar frases. No olvides poner los verbos en su forma adecuada. Hay varias posibilidades.**

Dudamel		un músico venezolano.
El Sistema		nervioso porque tiene un concierto.
Pablo y Lidia		un programa de integración social.
Pablo	ser	director de orquesta.
Lidia	estar	orgullosas de sus hijos.
El concierto		en la ópera de Caracas.
Las familias de Pablo y Lidia		trompetista / violinista.
		de Caracas.

13 **Completa estas presentaciones con los verbos ser y estar.**

Hola, _____ Andrea y _____ de Caracas. _____ auxiliar de vuelo y trabajo en una compañía aérea. _____ una profesión bastante divertida y me gusta, pero la verdad es que hay que _____ muy flexible y _____ bastante difícil tener una vida familiar normal. Hoy _____ un poco nerviosa porque _____ mi primer vuelo transatlántico.

Yo me llamo Alfonso, _____ casado con Andrea y _____ vendedor en unos grandes almacenes. Además, también _____ voluntario en Amnistía Internacional, una ONG que _____ bastante famosa y que se dedica a luchar por los derechos humanos. _____ colaborando en la ONG desde el año 2012. Igual que Andrea, yo _____ siempre de viaje y no tengo mucho tiempo para los proyectos. Pero _____ muy orgulloso del trabajo que hacemos.

Yo _____ Paula y _____ la dueña de dos tiendas de ropa reciclada. _____ muy contenta porque hoy _____ la fiesta de inauguración de una nueva tienda, que _____ en la calle Virgen de los Lirios. _____ muy fácil llegar hasta allí porque la tienda _____ enfrente del estadio de fútbol. La fiesta _____ a las ocho. ¡ _____ todas y todos invitados!

14 **Combinaciones con el verbo estar. Completa los contrarios.**

ESTAR					
cerca	≠	lejos	bien	≠	_____
abierto/a	≠	_____	_____	≠	enfermo/a
sentado/a	≠	de pie	alegre	≠	_____
_____	≠	ahí / allí	_____	≠	de mal humor

15 **Lee los datos biográficos de José Antonio Abreu y escribe su biografía en pasado.**

1939 Nace en Valera, Venezuela.
1950 Empieza a estudiar música en Barquisimeto.
1957 Se muda a Caracas y aprende a tocar varios instrumentos musicales en la Escuela Superior de Música.
1964 Recibe el título de profesor y director de orquesta.
1966 Estudia Economía en la universidad de Caracas y luego en Pensilvania, Estados Unidos.
Años 70 Es profesor de Economía en la Universidad. Además es director en el Consejo Nacional de Economía y miembro del Congreso Nacional.
1975 Funda el Sistema Nacional de las Orquestas Juveniles e Infantiles de Venezuela.
1988–1994 Es ministro de Cultura.
2004 Recibe el Premio Nobel Alternativo.
2018 Muere en Caracas después de una larga enfermedad.

16 Mira la tabla y complétala con las formas del futuro.

VERBOS REGULARES		Terminaciones	TRABAJAR
yo	infinitivo +	-é	trabajaré
tú		-ás	
él, ella, usted		-á	
nosotros/as		-emos	
vosotros/as		-éis	
ellos, ellas, ustedes		-án	

17 Verbos con raíz irregular. Completa la tabla.

	Raíz	Terminaciones	DECIR
DECIR	**dir-**		diré
HACER		é	
PODER		ás	
PONER	**pondr-**	á	
SABER	**sabr-**	emos	
SALIR	**saldr-**	éis	
TENER	**tendr-**	án	
VENIR			

18 Así será tu futuro. Completa tus predicciones con la forma adecuada del futuro.

1. El próximo año .... (SER) un año con muchas sorpresas y .... (TENER) mucha suerte.
2. .... (GANAR) la lotería y .... (COMPRARSE) el coche que te gusta tanto.
3. .... (CONOCER) a una persona que te .... (AYUDAR) mucho en tus planes futuros.
4. .... (HACER) un viaje de fin de semana y .... (ENAMORARSE) de alguien muy especial.
5. Un amigo te .... (TRAER) de regalo algo que deseabas desde hace mucho tiempo.
6. .... (ENCONTRAR) el piso ideal que estabas buscando.
7. .... (PODER) hacer un curso de perfeccionamiento de español en Madrid.
8. .... (CAMBIAR) de trabajo y .... (ESTAR) muy satisfecho/a.

19 ¿Tienes buenos propósitos para el próximo año? Relaciona y escribe frases en futuro.

1. hacer ☐ — **a.** menos dinero en cosas que no necesito realmente
2. comer ☐ — **b.** deporte tres veces por semana
3. ir ☐ — **c.** más alimentos frescos
4. gastar ☐ — **d.** menos al bar durante la semana
5. participar ☐ — **e.** más tiempo a mis aficiones
6. usar ☐ — **f.** la bicicleta con más frecuencia
7. dedicar ☐ — **g.** más activamente en la clase de español

Comeré más alimentos frescos, pero no sé si haré deporte tres veces por semana.

20 Unos amigos han quedado para ir al concierto, pero una persona no ha venido. Reescribe estas suposiciones usando el futuro. Ten en cuenta los fragmentos marcados en negrita.

1. **Quizás está** enferma.
2. **Pienso que no tiene** la dirección para llegar.
3. **Creo que llega** un poco más tarde.
4. **A mí me parece que no quiere** ver a Gustavo.
5. **Me imagino que no tiene** ganas de venir.
6. **Seguramente no está** en la ciudad.
7. **Supongo que no sabe** nada del concierto.
8. **Quizá piensa** que es la próxima semana.
9. **Probablemente no le gusta** este tipo de música.

1. Estará enferma. ....

21 Relaciona las preguntas con las respuestas. Luego marca cuáles son suposiciones (S) y cuáles predicciones (P) sobre el futuro.

1. ¿Qué quieres ser de mayor? ☐ ☐
2. ¿Quién es la chica al lado de Carla? ☐ ☐
3. ¿Qué música le gustará a la tía Ana? ☐ ☐
4. ¿Sabes qué profesión tiene Paola? ☐ ☐
5. ¿Cómo vas a colaborar? ☐ ☐
6. ¿Por qué no ha venido Amalia? ☐ ☐
7. ¿Qué será el paquete? ☐ ☐
8. ¿Tienes planes para el fin de semana? ☐ ☐
9. ¿Y las próximas vacaciones? ☐ ☐
10. ¿Sabes cuándo es la fiesta de inauguración? ☐ ☐

a. Creo que la clásica.
b. Haré una donación.
c. Estará enferma.
d. Es el sábado 21 de junio.
e. No sé, será funcionaria.
f. Será su hermana.
g. El sábado voy a dar un paseo.
h. Será un regalo para Jaime.
i. Seré una futbolista famosa.
j. Las pasaremos en la playa.

22 Completa las frases con la forma adecuada del futuro.

1. Si papá no **prepara** la cena, nadie la ....
2. Si ella no **hace** las camas, nosotros tampoco las ....
3. Si los niños no **ponen** la mesa, yo la ....
4. Si vosotros no **salís** con el perro, el pobre no .... en todo el día.
5. Si nosotros no le **decimos** la verdad a papá, nadie se la ....
6. Si no **sabes** cuándo es el examen, pregunta a tu profe, que lo ....

23 Relaciona las frases con las suposiciones y complétalas con las formas del futuro.

1. Llamas a tu hermano muchas veces, pero tiene el teléfono apagado.
2. Tu compañera de trabajo no ha venido hoy.
3. Alguien llama a la puerta, pero no estás esperando a nadie.
4. Recibes un ramo de flores sin tarjeta.
5. Tu pareja está de muy mal humor.
6. Tu vecino ha salido de casa con una maleta.

☐ ¿.......... (SER) UN REGALO SORPRESA POR MI CUMPLEAÑOS?

☐ ¿.......... (SER) EL VECINO DE ENFRENTE?

☐ ¿.......... (ESTAR) ENFERMA?

☐ ¿SU MÓVIL NO .... (TENER) BATERÍA?

☐ ¿.......... (IRSE) DE VACACIONES?

☐ ¿.......... (TENER) PROBLEMAS EN EL TRABAJO?

24 Haz predicciones combinando los elementos de las columnas. No olvides conjugar los verbos.

Muchos animales abandonados		crear	una familia adoptiva.
El reciclaje de la ropa usada		encontrar	puestos de trabajo.
La digitalización		trabajar	conocer la biodiversidad submarina.
Mis amigos y yo	(no)	tener	producir menos plástico.
Los turistas en el Caribe		poder	consecuencias imprevisibles.
No solo proyectos como Koopera		ayudar a	hasta los 70 años.
El turismo sostenible		vender	productos reciclados.

25 Estas frases contienen errores. Cambia las palabras en negrita por las correctas de la derecha.

1. Pensar en los niños pobres me **hace** triste.		**a.** tanta
2. **Como** mayor, seré una pianista famosa.		**b.** ser
3. Mi jefe **será** unos 45 años.		**c.** aporta
4. **Estuvo** en 2003 cuando conocí a mi marido.		**d.** hace
5. Esa ONG no tiene tantos socios **que** Greenpeace.		**e.** es
6. En el concierto había **tanto** gente que no encontré a Paco.		**f.** tendrá
7. Para trabajar aquí hay que **estar** disciplinado.		**g.** pone
8. Colaborar en esa asociación me **trae** mucho.		**h.** como
9. Mi jefe no **está** capaz de escuchar nuestros problemas.		**i.** de
10. **Hay** falta proteger el medio ambiente.		**j.** fue

26 **a.** Vuelve a leer el texto de la Verbena de la Paloma en las páginas 114 y 115 de la Edición para estudiantes. ¿Cuáles de estas frases son verdaderas (V) y cuáles falsas (F)?

1. La Verbena de la Paloma se celebra en invierno.
2. Durante las fiestas de la Paloma se regalan churros.
3. Los churros son los dulces más populares de esta fiesta.
4. Los barquilleros llevan una ruleta y, si pierden, regalan a la gente los barquillos.
5. Las chulapas llevan un sombrero y una flor.
6. La palabra "chotis" es de origen escocés.
7. La procesión de la Paloma es el primer día de las fiestas.
8. Solo los bomberos pueden poner la imagen de la Virgen en su carroza.

b. Relaciona cada una de las palabras con su significado.

1. clavel		**a.** vendedor de dulces
2. chotis		**b.** habitante de la capital española
3. churro		**c.** dulce típico hecho de harina, azúcar y canela
4. verbena		**d.** persona que lucha contra los fuegos
5. barquillo		**e.** flor de color rojo
6. madrileño		**f.** dulce frito
7. barquillero		**g.** baile típico de Madrid
8. bombero		**h.** fiesta popular con música y baile

MUNDO PROFESIONAL

27 **En el Departamento de Recursos Humanos de una empresa han mezclado las fichas de tres candidatos. Lee las frases siguientes y completa las fichas.**

1. Uno de los candidatos tiene 32 años.
2. Álvaro es más joven que José Luis.
3. Alejandro tiene 28 años.
4. El mayor es capaz de organizar proyectos.
5. Alejandro es tan joven como Álvaro.
6. Dos candidatos son optimistas y el otro no.
7. El pesimista tiene 28 años.
8. Álvaro es optimista.
9. Un candidato es pesimista y muy flexible.
10. El joven optimista tiene mucha paciencia.

Nombre: ....

Edad: ....

Cualidades: ....

....

....

Nombre: ....

Edad: ....

Cualidades: ....

....

....

Nombre: ....

Edad: ....

Cualidades: ....

....

....

PRONUNCIAR BIEN

28 **a.** 39 - **Las pausas en las frases. Lee el texto y comenta las dudas en clase.**

En frases largas es recomendable hacer una pausa tras grupos de palabras o unidades de significado. Esta separación ayuda a entender mejor el mensaje. Escucha los siguientes ejemplos y fíjate en las curvas de entonación:

Necesitaré muchas horas para explicárselo a mi hijo.

A los 18 años comenzó a estudiar música en Caracas.

b. 40 - **Lee las frases y marca el lugar de la pausa. Luego escucha y comprueba.**

Desde hace tres años, Matilde trabaja en la misma empresa que yo.

Si Miguel me explica algo, siempre me cuesta mucho entenderlo.

Nos reuniremos en casa de Carlos para cenar el sábado.

En septiembre del año pasado, viajé por primera vez a Madrid.

Quiero descansar un poco antes de seguir con este trabajo.

En tu barrio hay muchas pastelerías que venden productos de buena calidad.

AUTOEVALUACIÓN

YA SÉ...	👍	✋	👎
... hablar del compromiso social: Mucha gente .... en proyectos sociales.	☐	☐	☐
... hablar de características y habilidades: Yo soy ...., tengo .... y soy capaz de	☐	☐	☐
... expresar necesidad: Se debe .... Hace falta	☐	☐	☐
... expresar sentimientos e interés: La música me .... mucho. Me pone	☐	☐	☐
... hablar del futuro: En el futuro mucha gente	☐	☐	☐
... expresar hipótesis: Supongo que José .... 50 años. / .... 50 años.	☐	☐	☐
... hacer comparaciones: El teatro no me gusta .... como el cine. El cine me gusta	☐	☐	☐
... algunos usos de ser y estar: .... violinista. .... en un concierto.	☐	☐	☐
... conjugar los verbos regulares e irregulares en futuro: ser: yo ....; tener: yo ....; poder: yo ....; hacer: yo	☐	☐	☐

10 LA TECNOLOGÍA Y YO

Comunicación
- Hablar de la oferta audiovisual
- Marcadores de frecuencia
- Expresar acuerdo, duda y desacuerdo
- Hablar de informática
- Describir un proceso
- Indicar la simultaneidad de dos acciones
- **MUNDO PROFESIONAL** Normas y reglas de comunicación en internet

Léxico
- Dispositivos electrónicos e internet
- Actividades cotidianas
- Programas de televisión

Gramática
- El uso de **mismo** como adjetivo, intensificador y pronombre
- Los usos de **para** y **por**
- El condicional regular e irregular
- Los usos del condicional
- **PRONUNCIAR BIEN** Los diptongos

Cultura
- El uso del móvil
- Las plataformas de contenido audiovisual
- **DE FIESTA** La vendimia

1 Ordena las palabras según estas categorías y añade otras. Hay varias posibilidades.

chatear	buscador	canal	conexión	enlace	impresora	noticia	pantalla	programa	ratón
reportaje	serie	documento	navegar	bloguero	carpeta	tutorial	documental	aplicación	

ordenador: ....

internet: ....

televisión: ....

2 Completa las frases con las siguientes palabras.

digitalización	enlace	aplicaciones	videoconferencia

1. Este es el blog de recetas de cocina del que te he hablado. Te mando el ....
2. No tuve que ir a Madrid para la entrevista de trabajo, me la hicieron por ....
3. Las .... que más uso son las del tiempo meteorológico y las de mensajería.
4. Nuestro modo de trabajo está cambiando cada vez más a causa de la ....

3 ¿Qué palabra no forma parte del grupo?

1.	película	documental	concurso	mensaje
2.	cargador	tutorial	batería	pila
3.	periódico	televisión	impresora	radio
4.	canal	tertulia	noticias	reportaje
5.	buscador	página web	enlace	serie
6.	cobertura	enchufe	conexión	plataforma
7.	chatear	navegar	celular	escanear
8.	pantalla	ratón	tiempo	aplicación

4 ¿Qué vemos hoy? Completa la programación de televisión con el tipo de programa.

PROGRAMACIÓN TV

	17:00	18:00	19:00	20:00
TV 1	TELEDIARIO 17:00	EL OSITO PIPO 17:30	CANCIONES DEL MUNDO 18:30 	Clásicos del cine: TODO SOBRE MI MADRE 20:30
CANAL 5	HUERTOS URBANOS 17:15 	SABER Y TRIUNFAR 17.45	FORMULA 1 EN DIRECTO 18:45 	LA VIDA DE FRIDA KAHLO 20:00 
ANTENA 2	PREVISIÓN METEOROLÓGICA 17:00	VIAJE POR EL AMAZONAS 17:30 	AMOR PARA SIEMPRE T5 : E12 19:00	DISCUSIÓN Y DEBATE 20:30

1. noticias
2. deporte
3. película
4. el tiempo
5. documental
6. concurso
7. reportaje
8. serie
9. tertulia
10. dibujos animados
11. reportaje
12. programa musical

5 41 - Escucha el diálogo y marca los argumentos que se mencionan.

- La televisión ofrece mucha información interesante.
- Ver la tele es una forma cómoda para relajarse.
- Ver la tele es una actividad pasiva.
- Con la tele se puede aprender.
- Muchos programas tienen poco nivel.
- Con la tele no hay comunicación en las familias.
- La tele es un tema de conversación.
- La tele es importante para la gente mayor que no puede salir de casa.
- Hay que aprender a usar la tele, muchos no saben cómo.

6 Anota la categoría más adecuada para cada persona.

1. Jorge quiere ver los resultados del Campeonato Mundial de Fórmula 1.
2. A Raúl le interesa ver a los políticos hablando de temas de actualidad.
3. A Marcela le gusta practicar inglés con las películas y series en versión original.
4. A Julia le gustaría ver un programa informativo sobre las culturas prehispánicas.
5. Enrique se va de viaje a Brasil y quiere saber más sobre el Amazonas.
6. A Rosa le encantan los programas de preguntas y respuestas.
7. El lunes Lucía no pudo ver *Guerreras*, pero no quiere perderse ningún episodio.
8. Elena y Pablo comen y cenan viendo los informativos.

Programas de la tele

- las tertulias
- los reportajes
- los documentales
- las noticias / el telediario
- las retransmisiones deportivas
- los programas de deportes / de música / de actualidad...
- los concursos
- las películas
- las series
- las telenovelas
- los dibujos animados

7 Compara en tu cuaderno los perfiles de estas dos personas. ¿Qué tienen en común?

Nombre: José López
Ciudad: Salamanca
Profesión: profesor de Biología
Lengua materna: español
Lenguas extranjeras: inglés
Periódicos que lee: El País, El Mundo
Deportes: fútbol, tenis
Redes sociales: Facebook

Nombre: José Luis Carrasco
Ciudad: Salamanca
Profesión: profesor de Biología
Lengua materna: español
Lenguas extranjeras: portugués
Periódicos que lee: El Mundo, El País
Deportes: tenis, golf
Redes sociales: Facebook, Instagram

Los dos tienen el mismo nombre: José.

8 Completa los diálogos con las expresiones de las etiquetas.

aquí mismo | ahora mismo | tú mismo | no es lo mismo | me da lo mismo

1. • Camarero, ¿me trae la cuenta, por favor?
   ▪ .... se la llevo.
2. • ¿Sabes dónde puedo conectarme a internet?
   ▪ Pues .... En este café hay wifi gratis. Le pides la clave al camarero y él te la da.
3. • Ana María, ¿qué día vamos al cine?
   ▪ Elige tú el día, a mí .... porque esta semana no tengo clases.
4. • Marina, ¿dónde has puesto la llave del coche?
   ▪ ¡La tengo yo, Alfredo! Me la diste ....
5. • No entiendo por qué Elvira está tan triste. ¡Ha aprobado el examen!
   ▪ Sí, pero con una nota baja. Y para ella .... aprobar con nota baja que con alta.

9 Relaciona las preguntas con las respuestas y complétalas con mismo/a/os/as.

1. ¿A qué hora empieza el partido? ☐
2. ¿Quién ha diseñado la página web? ☐
3. ¿Has encontrado ya tu cargador? ☐
4. ¿Qué vemos esta noche? ☐
5. ¿Puedo usar tu tableta? ☐
6. ¿Has cambiado la clave de acceso? ☐

a. Sí, estaba aquí .... , en el sofá.
b. No, es la .... de siempre.
c. Claro, toma, la tienes aquí ....
d. Nosotros .... con la ayuda de una amiga.
e. La verdad es que me da lo ....
f. Ahora .... , ya son las ocho.

10 Completa la tabla con las formas del condicional.

VERBOS REGULARES		
		COMER
yo	-**ía**	....
tú	-**ías**	....
él, ella, usted	infinitivo + -**ía**	....
nosotros/as	-**íamos**	....
vosotros/as	-**íais**	....
ellos, ellas, ustedes	-**ían**	....

11 Completa la tabla con las formas irregulares del condicional y la conjugación del verbo poner.

VERBOS CON RAÍZ IRREGULAR			
INFINITIVO	RAÍZ	TERMINACIÓN	PONER
decir	**dir**-		pondría
hacer	....	ía	....
poder	....	ías	....
poner	....	ía	....
saber	**sabr**-	íamos	....
salir	**saldr**-	íais	....
tener	....	ían	....
venir	**vendr**-		....

12 Mira estos usos del condicional y traduce las frases a tu lengua.

Expresar cortesía: ¿Podría repetirme su nombre y su apellido, por favor?

....

Expresar deseos: Me encantaría comprarme un nuevo móvil.

....

Proponer o recomendar: Yo cambiaría de plataforma, la otra es más completa.

....

Dar consejos: Creo que deberías volver a empezar o pedir ayuda a alguien.

....

Hacer hipótesis: Estaría cansada, por eso se fue pronto. No te preocupes.

....

13 Clasifica estas expresiones según las siguientes categorías. ¿Puedes añadir más?

no, en absoluto | de acuerdo | depende | creo que no | yo sí

puede ser | no es verdad | es probable | tienes razón

ACUERDO	DUDA	DESACUERDO

14 **Recomendaciones para aprender español. ¿Puedes darle algunos consejos a una persona que aprende español?**

1. Después de cada clase escribir frases con el vocabulario nuevo.
2. Hacer las tareas regularmente.
3. Aprender frases completas.
4. Ver películas en castellano con subtítulos.
5. Ir de vacaciones a países hispanohablantes.
6. Buscar a hispanohablantes para chatear en internet.
7. Leer en voz alta para practicar la pronunciación.
8. Escuchar música en español.
9. Hablar sin miedo a los errores.
10. Leer textos fáciles y de tu nivel en casa.

1. Yo en tu lugar escribiría después de cada clase frases con el vocabulario nuevo.

15 **¿Qué harías en estas situaciones? Formula frases usando el condicional.**

1. Te han regalado un libro que ya has leído.
2. Tus vecinos han cuidado tus plantas en las vacaciones.
3. No has ido a clase y no sabes cuáles son los deberes.
4. Te has levantado tarde y no tienes agua caliente en casa.
5. Necesitas escanear un documento y tu escáner no funciona.
6. Has tenido un accidente de coche y tu móvil no funciona.

1. Yo iría a la tienda y lo cambiaría por otro.

16 **Un/a amigo/a que quiere viajar a Perú te pide consejo. Relaciona las frases y sustituye los infinitivos por la forma adecuada del condicional.**

1. poner un anuncio en el periódico		a.	porque no llueve tanto
2. hacer el viaje durante el invierno	1	b.	para buscar a otras personas para el viaje
3. reservar el vuelo		c.	porque se camina mucho en la excursión
4. preguntar en la embajada		d.	muchos meses antes
5. hacer la excursión del Camino Inca		e.	si se necesita visado para Perú
6. informarse en una agencia de viajes		f.	para saber qué hay que llevar para el Camino Inca
7. descansar unos días en Cusco		g.	porque es un camino fascinante al Machu Picchu
8. llevar zapatos cómodos		h.	para evitar el mal de las alturas, el soroche

1. Yo en tu lugar pondría un anuncio en el periódico para buscar...

17 **¿Qué podrían decir estas personas para preguntar o pedir permiso amablemente?**

1. • ¿Podría decirme la hora?
   ▪ ¡Por supuesto! Son las cuatro y media.
2. • ……
   ▪ ¡Ábrela! ¡Ábrela! Yo también tengo calor.
3. • ……
   ▪ Claro, toma nota: es el 915 414 100.
4. • ……
   ▪ Por supuesto, aceptamos todas las tarjetas.
5. • ……
   ▪ Ahora mismo. ¿Lo quiere con limón?
6. • ……
   ▪ ¿Un bolígrafo? A ver... no, no tengo ninguno.
7. • ……
   ▪ Siga todo recto hasta la plaza, allí hay una.
8. • ……
   ▪ Sí, sí, llévatela, hay reportajes muy buenos.

18 ¿Puedes ordenar las siguientes frases, según su grado de cortesía, de menos a más (1-8)?

- ☐ ¿Me prestarías el libro?
- ☐ ¡Préstame el libro!
- ☐ ¿Me podrías prestar el libro?
- ☐ ¿Por qué no me prestas el libro?
- ☐ ¿Me prestas el libro?
- ☐ ¿Te importaría prestarme el libro?
- ☐ ¿Te importa prestarme el libro?
- ☐ ¿Me puedes prestar el libro?

19 **a.** Lee este mensaje de un foro sobre nuevos medios y elige la opción adecuada.

Mi nombre es Rosana y tengo 19 años. Vuestro **reportaje / concurso** *Consumo y televisión* me ha ayudado mucho, por eso quería pediros algunos consejos. Desde hace unos meses mis amigos me dicen que no **quedo / quiero** con ellos, que siempre tengo **excusas / excursiones** cuando hacemos planes. No entiendo qué me **pasa / paso**. La verdad es que no me interesa tanto estar con ellos, prefiero ver mis **series / tertulias** favoritas. Paso muchas horas viendo las series, porque en la **plataforma / televisión**, cuando termino un capítulo, veo el siguiente y no puedo parar. A mis padres les digo que todo es en versión **original / infantil** para practicar inglés y por eso no me dicen nada. Pero la verdad es que por las mañanas estoy muy cansada porque duermo poco... ☺

b. Escribe algunos consejos para Rosana usando la información de las etiquetas. Utiliza el condicional.

contarles el problema a tus padres	sacar el ordenador de la habitación	quedar con tus amigos/as

no empezar con una nueva serie	hacer deporte	no ver series ni vídeos después de las diez de la noche

Querida Rosana: Tendrías que... y deberías... Además, podrías...

20 Ordena las siguientes palabras, según la frecuencia, de menos a más (1-12).

- ☐ a veces
- ☐ casi siempre
- ☐ casi nunca
- ☐ raramente
- ☐ con frecuencia
- ☐ de vez en cuando
- ☐ siempre
- ☐ algunas veces
- ☐ cada año
- ☐ nunca
- ☐ todos los días
- ☐ regularmente

21 🔊 42-45 - Escucha cuatro diálogos y decide si las personas están de acuerdo, expresan duda o están en desacuerdo.

	1.	2.	3.	4.
acuerdo ☺	☐	☐	☐	☐
duda 😐	☐	☐	☐	☐
desacuerdo ☹	☐	☐	☐	☐

22 Lee las opiniones de Tina, una estudiante de español, y escribe tu reacción expresando acuerdo, duda o desacuerdo, según el emoticono.

1. Lo más interesante en clase es hablar con mis compañeros y compañeras y jugar, ¿verdad?
   ☺ ....
2. Yo hago una lista de todas las palabras nuevas después de la clase. ¡Es muy práctico!
   😐 ....
3. Leer literatura en español es una forma muy buena de aprender.
   ☹ ....
4. Me siento muy insegura cuando hablo con gente de España o Latinoamérica.
   😐 ....
5. Lo mejor para practicar la lengua es ver muchas películas con subtítulos en español.
   ☺ ....
6. Para aprender español hay que viajar a países hispanohablantes.
   😐 ....
7. En internet puedo conocer gente y practicar el español.
   ☺ ....
8. Creo que aprender con el ordenador es muy efectivo.
   ☹ ....

23 Formula consejos para estudiar español combinando los elementos de las columnas.

- practicar la pronunciación
- aprender vocabulario
- acostumbrarse a la melodía del español
- superar el miedo a hablar

- leer en voz alta
- cantar canciones
- escribir las palabras nuevas
- hacer muchas tareas en casa
- consultar el diccionario
- ver películas con subtítulos
- escuchar la radio
- contar historias personales en clase
- jugar en clase
- aprender frases completas de memoria

Puedes practicar la pronunciación leyendo en voz alta.

24 Corrige las palabras en negrita por las correctas de la derecha.

1.	Otra vez **la misma** programa, ¿no te aburres?	**a.**	mismo
2.	He comprado este libro **para** 35 euros en internet.	**b.**	para
3.	A mí, en realidad, me da **el mismo**.	**c.**	razón
4.	Habría **de** hacer una televisión de calidad.	**d.**	que
5.	Necesito estos documentos **en** el viernes.	**e.**	la
6.	Aprendo mucho escuchando **el** radio.	**f.**	estoy
7.	**Soy** de acuerdo contigo, este vino es excelente.	**g.**	el mismo
8.	Me informo **al ver** la televisión.	**h.**	viendo
9.	El jefe tiene **derecho**, no has preparado los documentos.	**i.**	lo mismo
10.	¿Has diseñado la página web tú **propio**?	**j.**	por

25 Lee esta entrevista sobre el uso de los medios y marca la opción adecuada.

- Estamos haciendo una encuesta sobre el uso de los medios de comunicación. ¿Tiene unos minutos **por / para** nuestro programa?
- **Por / Para** supuesto.
- En primer lugar, ¿con qué frecuencia ve usted la tele?
- La verdad, raramente. **Por / Para** la noche mientras estoy cenando.
- Y dígame, ¿qué hace **por / para** estar informado?
- Escucho la radio en el coche o navego **por / para** internet.
- ¿Pasa muchas horas **por / para** día frente al ordenador?
- Bueno, en mi trabajo lo uso **por / para** necesidad. En la oficina estoy siempre conectado.
- Claro, y **por / para** eso, cuando llega a casa, necesita desconectar.
- Exactamente, **por / para** mí la tele, y también internet, es algo pasivo. Yo necesito actividad y después del trabajo prefiero correr **por / para** el parque.
- ¿Y su familia?
- Mi padre se pasa la vida viendo telenovelas y mi mujer compra mucho **por / para** internet.
- ¿Y sus hijos?
- Mi hija mayor está todo el tiempo comunicándose **por / para** WhatsApp y los chicos usan Instagram **por / para** intercambiar fotos y hablan con los amigos **por / para** Skype.
- Entiendo, muchas gracias **por / para** la entrevista.

26 Vuelve a leer el texto de la vendimia de las páginas 128 y 129 de la Edición para estudiantes y marca qué frases son verdaderas (V) y cuáles falsas (F).

1. ☐ El vino de reserva tiene mejor calidad que el vino de crianza.
2. ☐ Las distintas categorías de calidad del vino dependen del tiempo que este pasa en el barril y en la botella.
3. ☐ Un rioja es un vino producido totalmente en la región de La Rioja.
4. ☐ La vendimia se realiza en otoño y está acompañada de muchas fiestas.
5. ☐ El mosto es un vino de baja calidad.
6. ☐ Una parte bonita de la fiesta es cuando el primer mosto se ofrece a la patrona de Logroño.

MUNDO PROFESIONAL

27 Lee estas normas y reglas de comunicación en internet y ordénalas según el grado de importancia que tienen para ti. Luego formula los cinco consejos más relevantes según el modelo.

'NETIQUETA' EN LOS CORREOS ELECTRÓNICOS

- ☐ Escribe mensajes claros y concretos. Recuerda que los mensajes largos son difíciles de entender.
- ☐ Pon siempre un título al mensaje.
- ☐ Contesta a todas las preguntas y formula tus dudas también.
- ☐ Ten cuidado con la ortografía y escribe correctamente.
- ☐ Separa el texto en párrafos. Un texto con estructura clara es más fácil de leer.
- ☐ No pongas elementos de "decoración" en el mensaje. En el mundo profesional es poco serio.
- ☐ Saluda y despídete correctamente en cada mensaje.
- ☐ Revisa siempre si aparecen tus datos de identificación (teléfono, dirección postal, etc.).
- ☐ Lee el mensaje completo antes de hacer clic en "enviar". Así puedes evitar muchos problemas.

Yo escribiría mensajes claros y concretos.

PRONUNCIAR BIEN

28 a. Los diptongos. Lee el texto y comenta las dudas en clase.

Los diptongos son la unión de una vocal abierta o fuerte (**a**, **e**, **o**) y una vocal cerrada o débil (**i**, **u**), o la unión de dos cerradas (**i**, **u**). Este doble sonido forma una única sílaba. Si el acento recae en un diptongo formado por dos vocales cerradas, el golpe de voz está siempre en la segunda vocal: *in-clu**i**-do*. Si el diptongo lo forman una vocal abierta y una cerrada, o viceversa, el golpe de voz recae sobre la vocal fuerte: ***o**i-go, p**a**u-sa; de-ma-si**a**-do, cu**e**s-ta*.
Si, excepcionalmente, el golpe de voz recae sobre la vocal cerrada, esta se acentúa: *Ma-r**í**-a, pa-**í**s, Ra-**ú**l*. En este caso las dos sílabas se pronuncian por separado. Ten en cuenta que en español dos vocales abiertas (**a**, **e**, **o**) nunca pertenecen a la misma sílaba: *tra-er, Co-rre-os*.

b. 46 - Divide estas palabras en sílabas y pon los acentos si es necesario. Después comprueba con la grabación.

paciencia	tendrias	bailar	idioma
bueno	farmacia	despues	ruido
caotico	frio	guardar	linea

AUTOEVALUACIÓN

YA SÉ...	👍	✋	👎
... proponer o recomendar: El uso de los móviles debería	▢	▢	▢
... hablar de películas y programas de televisión: Me gusta ver .... y	▢	▢	▢
... indicar la frecuencia de una acción: Escucho las noticias .... veo películas.	▢	▢	▢
... hablar de ordenadores e internet: Me gusta .... por internet y	▢	▢	▢
... describir la simultaneidad de dos acciones: Canto mientras me ducho. / Me ducho	▢	▢	▢
... expresar acuerdo, duda o desacuerdo: ¿Estás de acuerdo? Sí. / No sé, puede ser. / No, ...	▢	▢	▢
... usar mismo como adjetivo o como pronombre: La .... hora, los .... programas. Me da	▢	▢	▢
... conjugar los verbos regulares e irregulares en condicional: hablar: yo ....; decir: yo ....; tener: yo	▢	▢	▢
... usar las preposiciones para y por correctamente: Veo series .... relajarme. Uso internet .... necesidad.	▢	▢	▢

11 ¡BUEN TRABAJO!

Comunicación
- Describir las condiciones laborales
- Hablar de funciones y actividades en el trabajo
- Expresar habilidades y cualidades
- Redactar una solicitud de empleo
- Expresar datos: porcentajes, fracciones y números ordinales
- **MUNDO PROFESIONAL** Ofertas de trabajo y cartas de solicitud

Léxico
- Profesiones
- Ofertas de trabajo
- Voluntariados

Gramática
- El participio con el pretérito perfecto
- El participio con **estar**
- El pretérito pluscuamperfecto
- **PRONUNCIAR BIEN** Algunas variedades del español

Cultura
- El mundo laboral
- **DE FIESTA** Día de Muertos

1 **Clasifica las profesiones en los grupos siguientes. Hay varias posibilidades. ¿Puedes añadir otras profesiones?**

mecánico/a	recepcionista	dentista	taxista	peluquero/a	arquitecto/a	pintor/a
médico/a	secretario/a	fontanero/a	vendedor/a	panadero/a	actor, actriz	director/a de cine
escritor/a	veterinario/a	electricista	cantante	agricultor/a	camarero/a	

1. Atiende a clientes: ....
2. Cuida a pacientes: ....
3. Realiza trabajos artísticos: ....
4. Repara cosas: ....
5. Produce o vende productos: ....

2 **Completa con las profesiones que se describen. En las casillas marcadas encuentra otra profesión y escribe su definición.**

1. Trabaja en un taller y repara coches.
2. Lo necesitamos si un grifo no funciona.
3. Se dedica a tocar un instrumento musical o cantar.
4. Lleva a la gente en coche de un lugar a otro.
5. Escribe cartas y lleva la agenda de su jefe o jefa.
6. Vamos a su consulta cuando tenemos problemas con los dientes.
7. Trabaja en un colegio y ayuda a los/as alumnos/as a aprender.
8. Trabaja en un restaurante preparando la comida.

Solución: ....

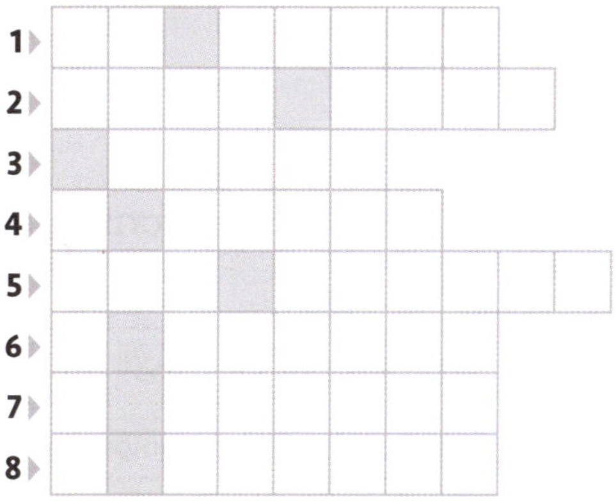

3 Utiliza estas expresiones para describir tu trabajo.

trabajar	a tiempo completo / parcial
ser	un trabajo manual
tener	empleado/a / autónomo/a
hacer	horario fijo / flexible
hablar	por turnos / en equipo
leer / escribir	a clientes
coordinar / organizar	contactos
visitar / atender	por teléfono
calcular	correos electrónicos
archivar	documentos / facturas
asistir a	reuniones / viajes
presentar	proyectos / datos / precios

Trabajo a tiempo completo. Organizo reuniones y visito a clientes.

4 ¿En qué consiste tu trabajo? Relaciona los comentarios con las fotos y después escribe la descripción que falta.

1. En esta profesión hay que ser muy flexible. A veces tengo que trabajar muchas horas seguidas, incluso los fines de semana. Después de un vuelo transatlántico tengo unos días libres.
2. Trabajo por turnos y tengo que estar mucho tiempo de pie. Atiendo a los clientes y sirvo las mesas. El trabajo en la alta gastronomía es bastante exigente.
3. Soy autónoma. En general, me gusta hablar con los clientes, pero los atascos me molestan mucho.
4. ....

5 Completa la tabla con los adjetivos y sustantivos correspondientes.

SUSTANTIVO	ADJETIVO	SUSTANTIVO	ADJETIVO
la sensibilidad	sensible	la comprensión	comprensivo/a
la flexibilidad			responsable
la creatividad			motivado/a
la tranquilidad			comunicativo/a
la paciencia			perfeccionista
la rapidez			ordenado/a
el trabajo			sistemático/a

6 ¿Qué palabra no forma parte del grupo? Táchala.

1. mitad | tercio | cuarto | tercero
2. estudios | idiomas | experiencia | vacaciones
3. perfeccionista | impulsiva | ordenada | puntual
4. reconocimiento | prestigio | promoción | equipo
5. fijo | flexible | de prácticas | de tres meses
6. panadero | peluquero | pastelero | cocinero

7 ¿Cómo son estas personas? Relaciona las definiciones con las cualidades.

1. Una persona que se adapta fácilmente a nuevas situaciones es ☐
2. Una persona que tiene muchas ideas originales es ☐
3. Una persona que no se pone nerviosa fácilmente es ☐
4. Una persona que odia esperar es ☐
5. Una persona que no piensa las cosas antes de hacerlas es ☐
6. Una persona desordenada y que nunca hace las cosas por orden es ☐
7. Una persona que hace las cosas por orden y siguiendo un método es ☐
8. Una persona que tiene siempre las cosas en su lugar es ☐

a. impulsiva
b. caótica
c. tranquila
d. flexible
e. ordenada
f. sistemática
g. impaciente
h. creativa

8 47 - **Lee estas respuestas. Después escucha ocho preguntas y pon el número en la respuesta adecuada.**

☐ Sí, pero estoy bastante nerviosa.
☐ Parece responsable y trabajador. Y con mucha experiencia.
☐ Tendrá unos treinta años, pienso.
☐ Bueno, el sueldo no es lo más importante. Tengo responsabilidad y me siento útil.
☐ Aburridísimo. Me paso la mitad del día escribiendo informes.
☐ Sí, y siempre está de buen humor.
☐ Sí. Los vuelos están reservados y el hotel también.
☐ Está disponible a partir de junio.

9 **Aquí tienes la estadística de una empresa sobre la satisfacción de sus empleados/as. Escribe un pequeño texto utilizando las palabras de las columnas, como en el ejemplo.**

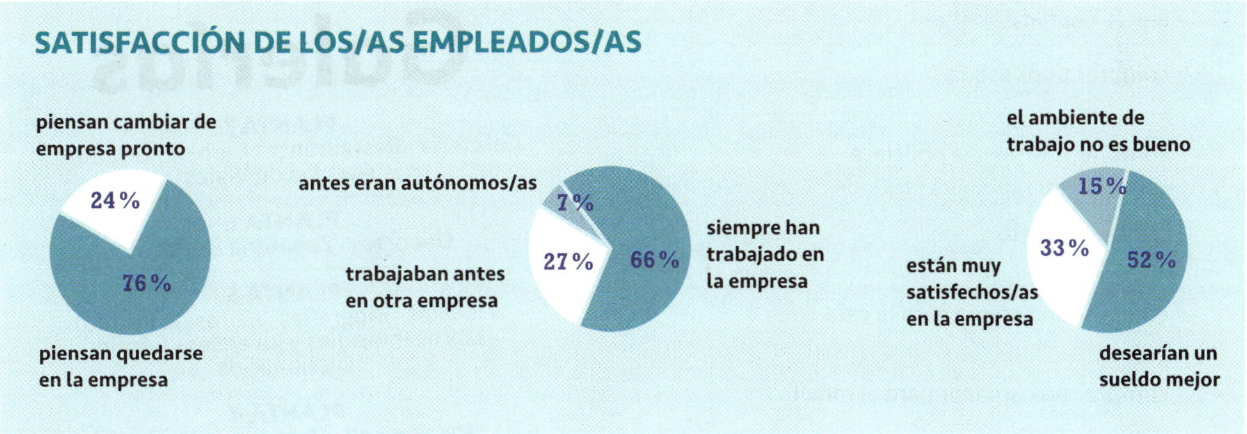

(casi)	todos/as
(aproximadamente)	la mitad
(más de)	un / dos tercio(s)
(menos de)	un / tres cuarto(s)
(solo)	algunos/as
(muy)	pocos/as

Más de la mitad de los/as empleados/as desearía un sueldo más alto.

10 Completa la tabla con el infinitivo de cada verbo y, luego, con la forma él, ella, usted en cada tiempo.

INFINITIVO	PERFECTO	INDEFINIDO	IMPERFECTO	PLUSCUAMPERFECTO	CONDICIONAL
ser	ha sido			había sido	
		presentó			
					leería
escribir					
	ha puesto				
			venía		

11 Relaciona los hechos históricos y forma frases como en el ejemplo.

Cae el Muro de Berlín (1989) | Muere Franco (1975)

Günter Grass recibe el Premio Nobel de Literatura (1999) | Camilo José Cela: Premio Nobel de Literatura (1989)

Gaudí empieza a construir la Sagrada Familia (1882) | Walter Gropius funda la Bauhaus (1919)

La guerra civil española termina (1939) | La Segunda Guerra Mundial termina (1945)

Cervantes escribe el *Quijote* (1605) | Goethe publica *Fausto* (1808)

Picasso pinta el *Guernica* (1937) | Dalí pinta *Muchacha en la ventana* (1925)

Mark Zuckerberg crea Facebook (2004) | IBM vende el primer teléfono inteligente (1995)

Cuando cayó el Muro de Berlín, Franco ya había muerto.
Cuando murió Franco, todavía no había caído el Muro de Berlín.

12 ¿En qué planta de estos grandes almacenes puedes hacer estas cosas?

- tomar un café
  En la séptima planta
- comprar unos esquís
- comprar una novela policíaca
- cortarse el pelo
- comprar una crema para la cara
- comprar un cargador para el móvil
- hacerse unas fotos
- comprar un traje y una camisa
- probarse una falda
- enviar unas flores
- reservar un viaje

Galerías

PLANTA 7
Cafetería · Restaurante · Club del Gourmet · Agencia de Viajes

PLANTA 6
Deportes · Zapatería Deportiva

PLANTA 5
Novelas · Biografías · Libros de Bolsillo · Libros Infantiles y Juveniles · Cómics · Diccionarios

PLANTA 4
Moda Juvenil · Vaqueros · Zapatería · Peluquería

PLANTA 3
Ropa niños-niñas · Bebés · Estudio Fotografía

PLANTA 2
Todo para el Hombre · Camisería · Tallas Especiales · Ropa Interior

PLANTA 1
Todo para la Mujer · Tallas Especiales · Boutique · Futura Mamá

PLANTA BAJA
Perfumería · Cosmética · Relojería · Farmacia · Óptica · Informática

SÓTANO
Supermercado · Pastelería · Flores Naturales

13 Lee las ofertas de trabajo y contesta estas preguntas.

1

ASISTENTE DE DIRECCIÓN

PARA EMPRESA MULTINACIONAL (MADRID)

Incorporación inmediata

Requisitos:
- flexibilidad de horarios
- trato agradable con el público
- buen nivel de inglés y francés

Se ofrece:
- trabajo de lunes a sábado
- cheques restaurante
- formación continua

Solicitudes: www.servicom.org

2

Agencia de publicidad busca

Asistente de marketing

Perfil:
- formación en secretariado internacional
- conocimientos de marketing
- buenos conocimientos de inglés
- persona muy flexible

Ofrecemos:
- contrato fijo
- posibilidad de promoción

Interesados enviar CV a:
p_lopezarriaga@temponet.com

3

Empresa de ingeniería busca administrativo/a para su departamento financiero

SE REQUIERE:
› incorporación inmediata
› nivel avanzado de Excel y SAP
› experiencia en puesto similar
› inglés hablado y escrito

SE OFRECE:
› contrato a autónomos/as
› jornada flexible

Contacto: c.kaiser@alcyon.es

¿En qué anuncio(s)...

1. ... se necesita hablar por lo menos dos idiomas extranjeros?
2. ... hay que trabajar los fines de semana?
3. ... piden conocimientos de informática?
4. ... hay que empezar a trabajar enseguida?
5. ... se ofrece la posibilidad de hacer cursos de formación?
6. ... se puede ascender después de un tiempo?

14 48 - Escucha esta conversación y marca la respuesta correcta. ¿Cuál de los tres anuncios le interesa a Roberto?

1. Roberto tiene conocimientos de
   - ☐ inglés.
   - ☐ francés.
   - ☐ alemán.
2. A Roberto le interesa trabajar
   - ☐ a tiempo parcial.
   - ☐ a tiempo completo.
   - ☐ de autónomo.
3. Lo más importante para él es
   - ☐ la promoción.
   - ☐ el sueldo.
   - ☐ el horario.

15 ¿Qué tareas ha hecho hoy Alfonso? Completa con la forma correcta del participio.

Alfonso ya se puede ir a casa porque ya ha .... (TERMINAR) su trabajo. Para la reunión de mañana lo tiene todo .... (PREPARAR): las fotocopias están .... (HACER), los informes están .... (PREPARAR) y también ha .... (ESCRIBIR) unos correos para recordar a la gente invitada la hora y el lugar. Además, también ha .... (LLAMAR) a la agencia de viajes. El billete de avión y el hotel para el viaje de su jefa están .... (RESERVAR). Las invitaciones para la fiesta de cumpleaños ya están .... (ESCRIBIR), pero todavía no las ha .... (ENVIAR). Lo hará mañana.

16 Relaciona las preguntas con las respuestas.

1. ¿Trabaja usted a tiempo completo?
2. ¿Se piden varios idiomas?
3. ¿Qué tipo de contrato ofrecen?
4. ¿Está satisfecho con su sueldo?
5. ¿Cuándo empezó a trabajar en la empresa?
6. ¿Se requiere experiencia?
7. ¿Tiene conocimientos de informática?

a. Uno a tiempo parcial.
b. En el año 2015.
c. No. La verdad es que me parece poco.
d. Sí, a nivel de usuario.
e. No, a tiempo parcial.
f. Solo un buen nivel de inglés.
g. Sí, 3 años o más en el sector inmobiliario.

17 ¿A qué categoría pertenecen estas palabras o expresiones? A veces hay varias posibilidades. ¿Puedes añadir una palabra o expresión a cada categoría?

por turnos | cocinero/a | disciplina | economista | de prácticas | ilustrador/a
buen sueldo | abogado/a | saber escuchar | optimista | taxista | paciencia
a tiempo completo | ganas de aprender | motivación | flexibilidad | horario flexible | trabajador/a

PROFESIONES	CUALIDADES	CONDICIONES DE TRABAJO

18 Reescribe las preguntas como en el ejemplo.

PARTICIPIO COMO FORMA VERBAL	PARTICIPIO COMO ADJETIVO
¿Has **preparado** el café?	*¿El café está preparado?*
¿Has **enviado** la invitación?	....
¿Has **reservado** los vuelos?	....
¿Has **hecho** las fotocopias?	....

19 Completa la tabla con las formas del imperfecto del verbo haber y formas que faltan de los participios regulares e irregulares.

	IMPERFECTO DE HABER	PARTICIPIO REGULAR	PARTICIPIO IRREGULAR
yo	**había**	trabajar → traba**jado**	abrir → ....
tú	....	tener → ten**ido**	decir → ....
él, ella, usted	**había**	vivir →	escribir → ....
nosotros/as	....		hacer → ....
vosotros/as	**habíais**		poner → ....
ellos, ellas, ustedes	....		romper → ....
			ver → ....
			volver → ....

20 **¿Qué valoramos de un buen trabajo? Completa el texto con ayuda del diagrama y las siguientes palabras. No es necesario utilizarlas todas. ¿Cuáles sobran?**

mitad	total	tercio	cuarto	cinco	tercer	coma	por ciento

¿Qué es lo que más valoran los empleados de una empresa?

Los datos de un estudio realizado por Randstad en el que han entrevistado a un .... de 175 000 personas de 30 países diferentes muestran los aspectos que los empleados más valoran dentro de una empresa. El sueldo es lo más importante, ya que el 63 .... de los encuestados dicen que el factor más importante es la remuneración. A continuación aparece la conciliación entre la vida familiar y laboral: más de la .... le da mucha importancia a la posibilidad de poder combinar la profesión y la familia. En este caso, las mujeres le dan más importancia a la conciliación que los hombres.
En .... lugar encontramos la estabilidad: el 48 % de los trabajadores buscan estabilidad en el puesto de trabajo.

Después tenemos la flexibilidad horaria, una opción que han elegido el 41 % .... cinco de los encuestados. El último factor es que las tareas sean interesantes. Esto es esencial para un .... de las personas que han contestado a la encuesta.

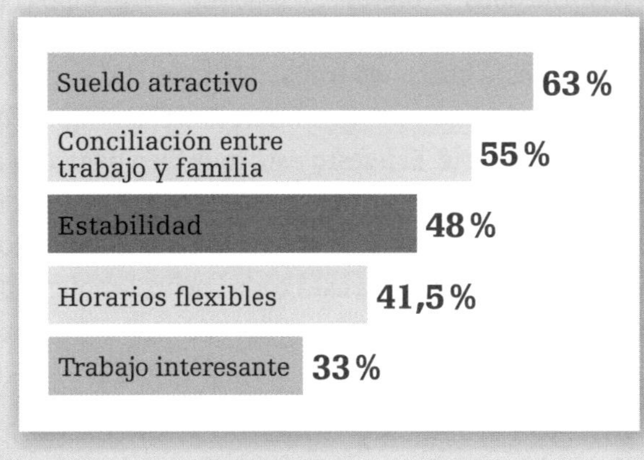

21 **Eva nos habla sobre una fiesta de cumpleaños. Completa el texto poniendo los verbos en indefinido o en pluscuamperfecto.**

Ayer Ángela celebró su cumpleaños. La fiesta era en su casa a las ocho. .... (OLVIDAR, YO) comprar un regalo, así que a las siete y media .... (IR) a una librería y le .... (COMPRAR) una novela. Yo .... (SER) la última en llegar, porque todos .... (LLEGAR) antes y ya .... (FELICITAR) a Ángela. Cuando Ángela .... (ABRIR) mi regalo, ... (VER) que yo .... (COMPRARLE) la misma novela que su madre, así que irá a cambiarla.
En la fiesta todos .... (BAILAR) salsa y .... (COMER) mucho. Ángela .... (PREPARAR) unas tapas deliciosas y su hermano Raúl .... (HACER) una tarta de chocolate enorme. Los invitados .... (ESTAR) en la fiesta hasta las doce y media de la noche. Algunos, como Marcos, ... (IR) en metro a casa de Ángela, así que los que teníamos coche los .... (LLEVAR) después a casa.

22 **Alicia es secretaria en una empresa. ¿Cuáles de las tareas ha hecho ya y cuáles todavía no?**

1. • ¿Has hecho ya las fotocopias?
   ■ ☺ *Sí, ya están hechas.*
2. • ¿Has enviado ya las invitaciones?
   ■ ☹ *No, todavía no están enviadas.*
3. • ¿Has preparado el café?
   ■ ☹ ....
4. • ¿Has contestado los correos?
   ■ ☺ ....
5. • ¿Has terminado los informes?
   ■ ☺ ....
6. • ¿Has escrito la carta de invitación?
   ■ ☹ ....
7. • ¿Has comprado el material de oficina?
   ■ ☺ ....
8. • ¿Has reservado la mesa en el restaurante?
   ■ ☹ ....

23 **Tus compañeros/as de trabajo están preparando una fiesta de despedida para una colega y tú quieres participar, pero no sabes qué puedes hacer o qué falta. Formula preguntas usando la forma adecuada de los participios.**

¿Has / Habéis ¿Está / Están	preparar hacer lavar comprar poner apagar encender	las bebidas? café? los platos? la tarta? los regalos? la mesa? los ordenadores? las velas?

24 **Completa el texto con las palabras de las etiquetas.**

certificados | oferta | solicitud | tiempo completo | correo electrónico | contrato fijo

Andrés está buscando trabajo. Mirando las páginas de empleo en internet, ha encontrado una .... interesante: un trabajo en una inmobiliaria a .... y con un horario flexible. El puesto está muy bien pagado y además ofrecen un .... Enseguida Andrés se ha puesto a escribir la carta de .... y también ha escaneado sus .... No tenía ninguna foto para incluir en el CV, así que se ha ido inmediatamente al fotógrafo. Ahora ya está todo hecho, la solicitud está terminada. Ya solo tiene que enviarla por ....

25 **En cada frase hay un error. Cambia las palabras en negrita por las correctas de la derecha.**

1. Vivo en el **tercio** sin ascensor.	☐	**a.** puesta
2. Cuando llegué ya **ha** empezado la conferencia.	☐	**b.** asistir
3. Ofrecen trabajo a tiempo **medio**.	☐	**c.** disponible
4. Estoy **dispuesto** a partir del 1 de septiembre.	☐	**d.** había
5. Es necesario trabajar **de** equipo.	☐	**e.** tercero
6. En su trabajo tiene que **atender** a reuniones.	☐	**f.** capaz
7. Antonio es **posible** de trabajar con estrés.	☐	**g.** parcial
8. Ya podemos cenar, la mesa está **puesto**.	☐	**h.** en

26 **Vuelve a leer el texto sobre el Día de Muertos de las páginas 142 y 143 de la Edición para estudiantes y marca si las siguientes frases son verdaderas (V) o falsas (F).**

1. ☐ En México, como en todas las culturas, la muerte es un tema tabú.
2. ☐ El Día de Muertos tiene origen indígena.
3. ☐ La caléndula es la flor preferida para decorar los cementerios.
4. ☐ El dulce más vendido durante las fiestas es el "pan de muerto".
5. ☐ En las casas se instalan altares en honor a los santos.
6. ☐ El último día se celebra la fiesta en los cementerios, donde se come y se bebe.

MUNDO PROFESIONAL

27 Completa esta carta de solicitud con las frases siguientes.

1. 23 de mayo de 2010
2. hice unas prácticas
3. les envío mi currículum vitae
4. les saluda atentamente
5. ya tengo experiencia laboral
6. como pueden ver en mi CV

Alicante, ...

Estimados/as señores/as:

En respuesta a su anuncio del día 10 de mayo para un puesto de recepcionista, ..., terminé mis estudios de Turismo hace 2 meses en la Universidad de Barcelona. Soy una persona comunicativa y flexible, y tengo buenos conocimientos de inglés y francés. Además, ... en el sector porque .... en el Hotel Rey Juan Carlos el verano pasado.

A la espera de recibir pronto noticias, ...

María Jesús Ortega

28 En una oferta de trabajo, marca cuáles de estas cosas las requiere normalmente una empresa (E), cuáles las ofrece un/a candidato/a (C), o ambos (A).

- ☐ horario flexible
- ☐ alto nivel de inglés
- ☐ posibilidad de promoción
- ☐ sueldo adecuado
- ☐ persona organizada y responsable
- ☐ conocimientos de Word y Excel
- ☐ contrato de seis meses
- ☐ experiencia mínima de tres años

PRONUNCIAR BIEN

29 a. Algunas variedades del español. Lee el texto y comenta las dudas en clase.

A lo largo de ***Nos vemos hoy*** te has encontrado con algunas variantes de pronunciación del español. Ya sabes que para algunos/as hablantes nativos/as las consonantes **c** (delante de **e** e **i**) y **z** no son interdentales. En los países latinoamericanos, en las islas Canarias y en algunas regiones del sur de España, se pronuncian como una **s**.
En español la **ll** y la **y** se pronuncian casi de la misma manera, aunque esta pronunciación es diferente según la zona geográfica, lo que ocurre, por ejemplo, en Argentina o Uruguay.

b. 49 - Escucha y compara la pronunciación de c/z. ¿De dónde son las personas?

	1.	2.	3.	4.	5.
Madrid					
Málaga					

c. 50 - Escucha y compara la pronunciación de ll/y. ¿De dónde son las personas?

	1.	2.	3.	4.	5.
Madrid					
Buenos Aires					

AUTOEVALUACIÓN

YA SÉ...	👍	✋	👎
... describir condiciones laborales: Soy .... Trabajo a tiempo .... Tengo horario	▢	▢	▢
... hablar sobre el grado de satisfacción en el trabajo: Tengo un trabajo .... Tengo un buen	▢	▢	▢
... nombrar las funciones y las actividades en el trabajo: Escribo .... Vendo .... a clientes.	▢	▢	▢
... relacionar acontecimientos del pasado: Antes de .... ya había	▢	▢	▢
... describir habilidades y cualidades: Soy .... Tengo	▢	▢	▢
... solicitar un puesto de voluntariado / trabajo: Me gustaría .... Tengo	▢	▢	▢
... indicar porcentajes y fracciones: 50 % .... = ½ .... ; ⅓ .... ; ¾	▢	▢	▢
... formar y usar el pluscuamperfecto: Cuando empecé a estudiar español, ya había	▢	▢	▢
... usar los números ordinales: 1.° .... , 2.° .... , 3.° .... , 4.° .... , 5.°	▢	▢	▢
... usar el participio detrás de estar: He escrito la carta, por lo tanto, la carta	▢	▢	▢

12 MIRADOR

Unidad de repaso

1 a. Lee este correo electrónico y marca en cada número la palabra correcta.

Mensaje nuevo

Hola, Rafa:

¿Qué tal estás? Me ha dicho Carolina que tú también [1] al Congreso de Biomedicina de Madrid. ¡Qué bien! Yo [2] el viernes por la tarde. ¿[3] esa noche para ir a cenar? El restaurante lo puedes elegir tú, a mí me da [4], pero seguro que hace [5] reservar. Yo [6] un poco nerviosa porque el sábado presento mi proyecto, aunque creo que esta vez no habrá [7] gente como el año pasado. Ya lo tengo casi todo preparado: la presentación en Power Point está [8], pero no sé si tengo que repartir también unas fotocopias del dosier. ¿Tú qué [9] en mi lugar? Bueno, nos vemos el viernes.

Muchos besos [10] ti, María y los niños.

Irene

1. ☐ vas ☐ vendrías ☐ estás	**3.** ☐ Nos quedamos ☐ Quedamos nos ☐ Quedamos	**5.** ☐ falta ☐ que ☐ necesario	**7.** ☐ tanta ☐ que ☐ necesario	**9.** ☐ habías hecho ☐ harás ☐ harías
2. ☐ seré ☐ llegaré ☐ estoy	**4.** ☐ mismo ☐ lo mismo ☐ el mismo	**6.** ☐ tengo ☐ soy ☐ estoy	**8.** ☐ terminada ☐ terminado ☐ listo	**10.** ☐ por ☐ para ☐ de

b. Lee el diálogo y completa las frases con cuatro expresiones de las etiquetas.

por supuesto	te puedo	podrías	¿verdad?	entonces	por eso

- Carolina, tú eres fisioterapeuta, ...
- ▪ Sí, trabajo en un centro de rehabilitación.
- ¿.................. hacer una pregunta?
- ▪ Sí, claro.
- ¿Qué es lo que más valoras de tu trabajo?
- ▪ Pues la verdad es que recibir reconocimiento me aporta mucho. Pero, ..., el sueldo también es importante...
- ¿.................. estás satisfecha en tu trabajo? ¿O piensas en cambiar, por ejemplo, tener tu propia consulta?
- ▪ Probablemente algún día. ¿Por qué no?

2 51-54 - **Lee las siguientes frases. Luego escucha cuatro textos cortos y decide si las frases son verdaderas (V) o falsas (F). Escucha los textos una segunda vez y comprueba.**

Cuatro personas hablan sobre internet.

1. María José Mesa, profesora:
☐ El acceso a internet debería ser gratis para todo el mundo.

2. Andrés Navarro, jubilado:
☐ Prefiere utilizar el móvil para hablar con sus hijos.

3. Mercedes Vázquez, jubilada:
☐ Sigue comprando el periódico todos los días.

4. Lucio Antúnez, arquitecto:
☐ Ha dejado de ir a las agencias de viajes.

3 55-56 - **Lee las siguientes frases. Luego escucha dos textos y decide si las frases son verdaderas (V) o falsas (F). Escucha los textos una segunda vez y comprueba.**

1. Un mensaje en el contestador automático:
☐ Alguien ha robado la tarjeta de crédito de la señora Cremades.

2. Un anuncio en la radio:
☐ Esta semana todos los visitantes del parque tendrán descuento en los restaurantes.

4 57-60 - **Lee las siguientes frases. Luego escucha cuatro textos y decide si las frases son verdaderas (V) o falsas (F). Escucha los textos una segunda vez.**

1. Un anuncio en la radio:
☐ El centro comercial abre el próximo domingo de doce a seis de la tarde.

2. Un anuncio en la televisión:
☐ El documental de la Panamericana lo ponen el martes a las 21 h.

3. Un anuncio en la radio:
☐ El 50 % del dinero de las entradas es para un proyecto social.

4. Un mensaje en el contestador automático:
☐ La señora Montero tiene ya una cita para una entrevista de trabajo.

5 **Lee este correo electrónico y decide si las frases son verdaderas (V) o falsas (F).**

1. ☐ Carlos quiere ir a recoger a su madre con Esteban.

2. ☐ Carlos puede prestarle el coche a Esteban.

Hola, Esteban:

Te llamé ayer dos veces al móvil, pero estaba desconectado. Mamá llega el jueves a las seis, ¿podrías ir tú al aeropuerto a recogerla? Yo tengo una reunión que terminará bastante tarde. Si necesitas el coche, te lo puedo dejar. Por favor, llámame para saber si puedes.

Carlos

6 Esta es una guía informativa sobre proyectos sociales y organizaciones no gubernamentales (ONG). Lee los textos y, luego, elige un título para cada uno.

a. Las mamás, a la escuela con los niños
b. Derechos humanos ¡ya!
c. Por una costa limpia
d. Agua para todos
e. Cena caliente para todos
f. El comercio justo en tu ciudad
g. Di "¡No!" a las drogas
h. Voluntariado para estudiantes universitarios

Ofrecemos la oportunidad de cuidar el medio ambiente activamente. Nos dedicamos a recoger la basura de nuestras playas en los meses de verano. En nuestra página web podéis ver fotos de las playas antes y después de nuestras acciones. 1

Muchos de nuestros voluntarios son gente famosa: futbolistas, cantantes... Los invitamos y ellos vienen a los colegios y explican a los chicos que con el alcohol y las drogas no se llega a ningún sitio. Presentan alternativas para una vida sana: el deporte, la música, el baile. 2

En este proyecto los voluntarios se dedican principalmente a ayudar con el trabajo del campo. Así las mujeres pueden ir a la escuela para aprender a leer con sus hijos. Es increíble ver el interés que tienen todos por aprender. Cuando están juntos, están más motivados. 3

Nuestros comedores funcionan ya en varias ciudades españolas. Ofrecemos todas las noches un menú con sopa y un segundo plato a la gente necesitada. Las personas que vienen con niños pueden entrar media hora antes y cenar así más tranquilos. 4

7 Un reportaje sobre un nuevo canal de televisión. Lee primero estas cuatro frases. Después lee el texto y decide en qué parte (a–e) está la información que te interesa.

1. Juegas muy bien al tenis y es tu deporte favorito.
2. Tus programas favoritos son las series antiguas de televisión.
3. No hay ningún documental, pero te gustaría ver alguno de vez en cuando.
4. Te interesan los vestidos de las actrices en el Festival de Cine Internacional.

UN NUEVO CANAL DE TELEVISIÓN

Por fin encontrarás lo que estabas buscando. A partir del 23 de abril podrás disfrutar de un nuevo canal de televisión. Aquí tienes algunos de los platos fuertes de nuestra programación.

a Por las mañanas empezaremos con un programa informativo en el que os contaremos las primeras noticias del día y el tiempo, y dedicaremos un espacio a las noticias del corazón. La reportera Amaya Dintén comentará las noticias de la prensa rosa.

b A partir de las seis, todo el deporte: fútbol, baloncesto, esquí... En directo y sin publicidad, y con entrevistas a los mejores deportistas del momento.

c Todos los días, a las ocho, tu cine favorito. En este programa nos visitarán algunas personas famosas. Nos hablarán de sus películas favoritas y después las emitiremos. ¿Sabes cuál es la película favorita de Shakira? Si lo quieres saber, te esperamos el próximo jueves.

d Las mejores series policíacas y comedias inglesas, dramas y telenovelas. ¿Recuerdas Colombo, Dallas o Falcon Crest? No te pierdas Los ricos también lloran. El primer capítulo, el próximo sábado a las diez.

e Esta es nuestra programación. ¿Hay algo que te gusta y no encuentras? ¿Pondrías otra cosa? Escríbenos a opinion@teleset.es con tus ideas y sugerencias. A final de mes elegiremos las 5 mejores sugerencias y recibirán un estupendo premio.

8 Escribe una carta a un/a amigo/a español/a y menciona tres de estos puntos.

- Habla de la última vez que os visteis y propón una ocasión para veros de nuevo.
- Has cambiado de trabajo, cuéntale por qué y compara el nuevo trabajo con el antiguo.
- Quieres colaborar en un proyecto social. Habla de él.
- Explica algunos de los planes que tienes para el futuro.
- Invita a tu amigo/a a tu próxima fiesta de cumpleaños.

9 Cuenta algo sobre ti mismo/a. Utiliza la información de las etiquetas. Luego, tu profesor/a te va a hacer una o dos preguntas más.

nombre vivienda trabajo estado civil idiomas edad aficiones hijos gustos

10 Habla con tu compañero/a sobre dos o tres de estos temas. Pregúntale y contesta sus preguntas.

su casa | sus últimas vacaciones | su trabajo

una fiesta | sus gustos sobre cine y televisión | sus planes para el futuro

11 Tú y tu compañero/a queréis pasar un sábado juntos/as. ¿Qué te gustaría hacer? Haz propuestas y da razones. Ponte de acuerdo con tu compañero/a en dos actividades y decidid cuándo vais a hacerlas.

¿qué? | ¿por qué? | ¿cuándo?

ir de compras

ir a un concierto

salir a tomar algo

hacer una excursión

correr en el parque

ver una nueva serie

NOS VEMOS HOY 2

ILUSTRACIONES

Miguel Manich (studiomanich.com)

Excepto por: **U1**: p. 10 freepik; p. 17 Ihor Reshetniak/iStockPhoto. **U7**: p. 63 Svetlana Ivanova/iStockPhoto; p. 65 4x6/iStockPhoto. **U10**: p. 84 design vector/iStockPhoto, artsterdam/iStockPhoto, ChrisSteer/iStockPhoto.

FOTOGRAFÍAS

U1: p. 9 SolStock/iStockPhoto, MF3d/iStockPhoto; p. 12 SamyStClair/iStockPhoto; p. 14 Roman Dekan/AdobeStock, pamela_d_mcadams/AdobeStock, Yeti Studio/AdobeStock, pagadesign/iStockPhoto, deepblue4you/iStockPhoto, by-studio/AdobeStock, Maria Korneeva/iStockPhoto; p. 15 MaboHH/iStockPhoto; p. 16 andylid/iStockPhoto. **U2**: p. 19 JJFarquitectos/iStockPhoto; p. 20 Iryna Mylinska/Dreamstime, Goran Jakus Photography/iStockPhoto; p. 26 JeremyRichards/iStockPhoto. **U3**: p. 29 Santiaga/iStockPhoto; p. 34 lcodacci/iStockPhoto; p. 36 Paco Junquera/GettyImages, Helena GARCIA/AdobeStock. **U4**: p. 39 Carlos Soler Martinez/Dreamstime; p. 40 fotostorm/iStockPhoto, R.M. Nunes/iStockPhoto. **U5**: p. 41 simpson33/iStockPhoto; p. 43 simonkr/iStockPhoto, PeopleImages/iStockPhoto; p. 44 MarianVejcik/iStockPhoto, JackF/iStockPhoto; p. 45 Archive Photos/GettyImages, Freeartist/iStockPhoto; p. 46 PeopleImages/iStockPhoto; p. 47 FG Trade/iStockPhoto; p. 48 THEPALMER/iStockPhoto; p. 49 Tempura/iStockPhoto. **U6**: p. 51 gilaxia/iStockPhoto; p. 52 PeopleImages/iStockPhoto; p. 54 Vladimir Akin`shin/Dreamstime; p. 55 MEDITERRANEAN/iStockPhoto, oceane2508/iStockPhoto, DusanManic/iStockPhoto, brazzo/iStockPhoto; p. 56 Kanawa_Studio/iStockPhoto; p. 57 gilaxia/iStockPhoto; p. 58 joserpizarro/AdobeStock. **U7**: p. 61 Jonathan Ross/iStockPhoto; p. 63 -alzay/iStockPhoto; p. 64 JESUSDEFUENSANTA/iStockPhoto, joruba/iStockPhoto; p. 65 amoklv/iStockPhoto; p. 67 carloscastilla/iStockPhoto; p. 68 kate_sept2004/iStockPhoto, Phooey/iStockPhoto; p. 69 poba/iStockPhoto. **U8**: p. 71 sufiyan huseen/iStockPhoto, monkeybusinessimages/iStockPhoto; p. 72 LeoPatrizi/iStockPhoto, Yelizaveta Tomashevska/iStockPhoto. **U9**: p. 73 Simona Sirio/iStockPhoto, agcuesta/iStockPhoto; p. 74 dragana991/iStockPhoto; p. 75 JackF/iStockPhoto, wundervisuals/iStockPhoto, monkeybusinessimages/iStockPhoto; p. 76 Wavebreakmedia/iStockPhoto; p. 77 AzmanL/iStockPhoto, adamkaz/iStockPhoto, eyecrave/iStockPhoto, Neilson Barnard/GettyImages; p. 80 Denis Doyle/GettyImages. **U10**: p. 83 NicoElNino/iStockPhoto; p. 84 Marek Bubenik/iStockPhoto, Patrick Daxenbichler/iStockPhoto, Sjoerd van der Wal/iStockPhoto, johan10/iStockPhoto, DC_Colombia/iStockPhoto; p. 85 Portra/iStockPhoto, Ridofranz/iStockPhoto; p. 87 Grumpy Cow Studios/iStockPhoto; p. 88 SbytovaMN/iStockPhoto, lechatnoir./iStockPhoto; p. 90 dusanpetkovic1/AdobeStock, Salima Senyavskaya/iStockPhoto; p. 91 Marta Ortiz/iStockPhoto. **U11**: p. 93 DragonImages/iStockPhoto; p. 94 skynesher/iStockPhoto, Wavebreakmedia/iStockPhoto, Josep Curto/Dreamstime, LeoPatrizi/iStockPhoto, Digital Vision/iStockPhoto; p. 96 atlantic-kid/iStockPhoto; p. 97 laflor/iStockPhoto; p. 100 eclipse_images/iStockPhoto, Manuel Velasquez/GettyImages. **U12**: p. 103 PeopleImages/iStockPhoto; p. 104 Jkstock/iStockPhoto; p. 105 Arturo Holmes/GettyImages; p. 106 Csondy/iStockPhoto, recep-bg/iStockPhoto, e_rasmus/iStockPhoto, leszekglasner/iStockPhoto, Dmitry Belyaev/iStockPhoto, hocus-focus/iStockPhoto.